福沢諭吉
「一身の独立」から「天下の独立」まで

Toshiko

a pilot of wisdom

目次

図版作成／MOTHER

はじめに――「議論の本位を定める」（『文明論之概略』第一章）

福沢諭吉は、明治期に日本を西洋のような近代国家にしようと奮闘した人物として知られています。それゆえこれまで福沢の思想は、西洋からの影響を中心に考察されてきました。また日本という国家が新しく進むべき方向について考えたことから、国家に関する彼の議論が主たる分析の対象とされてきました。しかし天保五年一二月（西暦では一八三五年一月）に生まれ、明治三四（一九〇一）年に亡くなった福沢は、その生涯のちょうど真ん中に明治維新をはさみ、前半は武士、後半は文明化を進める知識人として生きたのです。それにもかかわらず、これまでの研究では福沢の明治期の活動が中心に扱われ、彼が武士として生きた時代の影響についてはあまり重視されてきませんでした。

しかし、前半生を江戸時代の身分制の中で武士として生きた福沢が、新しい時代に向かうにあたって、いったいどのように西洋について学び、どのように日本を近代化させようとしたのでしょうか。古い社会を新しい社会へ転換することについて、彼はどのように考えたのでしょうか。本書はそれを解明するために、幕末から明治にかけての福沢の思想の変化を中心に考察します。

福沢は、一生をかけて近代的な国家を作るために必要だと考えるさまざまなことについて考察し、論じました。それゆえ彼の思想については、多様な視点からの考察が必要ですが、本書では、彼が新しい時代において人間そして社会はどうあるべきだと考えたのか、つまり社会構想に焦点をあてて論じようと思います。

福沢は、江戸時代から色々な経験をする中で、個人や社会のあり方について考えましたが、そこには江戸時代のさまざまな要素が影響を与えています。その中で注目すべきは、江戸時代に人々の生活の基盤だった「家」つまり家族という集団も、彼の社会構想における考察の対象になっていたという点です。福沢は、生涯「一身の独立、一家の独立、一国の独立、天下の独立」を実現するために努力しました。西洋の近代社会を分析する政治学の枠組みでは、家族と国家は「私的領域」と「公的領域」とに分けられ、「私的領域」である家族は社会構想から排除されて、考察の対象とされることはありません。そして福沢が明治期になってからは国家を中心に論じたために、もともと彼の基本的な社会構想には国家と並んで含まれていた家族が、後世の研究者による考察の対象から省かれてしまうという状況が生まれました。本書ではそうした偏りをなくし、彼が家族も含んだ形で、どのように社会を構想したのかを示したいと思います。それは、福沢が男女の関係をどのように考えていたかにも関わってきます。

もうひとつ重要なのは、福沢が若いときに武士の基本的教養である儒学をかなり深く学んでおり、それが彼の社会構想に影響を与えたという点です。本書は、福沢が若い頃学んだ儒学の思想枠組みを基礎として持ちながら、西洋の思想を学んでいったという解釈を採ります。なぜそのような解釈に至ったかは、私のイギリスでの経験が影響しています。

私は一九九〇年から子どもを連れてイギリスで海外研修をしながら、福沢に関する博士論文を仕上げようとしていました。ある日子どもが学校から手紙をもらってきたのですが、それを読んだ私は、そこに書いてある英語をすべて日本語に訳すことができたにもかかわらず、その手紙が何について書いてあるのか、まったく理解できませんでした。結局それは、最近日本でも行なわれているような、子どもがある目標を立てて、それを達成したら親がチャリティーに寄付をするという活動のことだったのですが、このようなチャリティーの概念を当時知らなかった私は、英文の意味する内容がまったくわからなかったのです。

これは私にとって衝撃でした。この経験から私は、外国の事象を理解するためには、こちら側もその事象に対応するような概念枠組みを持っていなければならないということを悟りました。福沢は「文字は観念の符号」と述べていますが、こちらがその「観念」を受容する素地を持っていなければ、「符号」としての外国の「文字」を見るだけでは、外国の「観念」は理解できないのです。

それまで私は、福沢の家族論を中心として、彼が西洋の思想を直接受け入れ、それを基本として自分の思想を作り上げたのだという仮説にもとづいて論文を執筆していました。しかしこの出来事によって、福沢が西洋を理解するためには、彼の中にその受容と理解を可能にする概念枠組みがすでにあったのではないかと考えるようになりました。そして、はじめから彼の思想を読み直した結果、その概念枠組みは儒学だったという結論に至ったのです。こうして再び福沢の思想を儒学の枠組みにもとづき読み直し解釈し直した結果が、本書の内容ということになります。

福沢は儒学の枠組みを持ちながら西洋の思想を学びました。その過程で東西の思想はどのように響きあい、どのような変化がもたらされたのでしょうか。本書では、新しい時代の個人と社会のあり方について、福沢が最も重要だと考えた「独立と自由」を軸に彼の思想の変遷を分析し、福沢が新しい社会において何をめざしたのかを解明したいと思います。

一、福沢の前半生——「一身にして二生を経る」

（『文明論之概略』緒言）

儒学を学ぶ

福沢諭吉は、天保五（一八三五）年に豊前《ぶぜん》（現在の大分県）中津の大名奥平《おくだいら》家に仕える下級武士の第五子として大阪で生まれました。福沢は次男で「家」を継ぐことができなかったため、父は彼を僧侶にしようと考えていました。しかし一歳半のとき父が亡くなったため兄が家を継ぎ、一家は中津に帰郷します。暮らし方から言葉まで大阪風だった福沢は中津になじむことができず、また上級武士の傲慢な態度に憤る日々を過ごしました。彼は豊かではない家の生活のために雑用を引き受け、手内職なども行ないましたが、こうした経験が科学技術への関心につながったと考えられます。また福沢は、物事を合理的にとらえる傾向があり、非合理な迷信や神仏などを受け入れませんでした。

武士の子どもが学ぶべきだとされていた漢学を始めたのは通常より遅く、一四、五歳の頃でしたが、儒学のテキストである『論語』や『孟子』をはじめとする古典や歴史書を好んで読み、めきめき上達して、「漢学者の前座」を務められるくらいまでいったと彼は述べています。

徳川政権が儒学を体制のイデオロギーとして身分制にもとづく支配を正当化した、という解釈がなされることがありました。しかし、徳川政権が儒学の始祖孔子を祀《まつ》る湯島聖堂を整備し、後に学問所として、そこでは朱子学（南宋《なんそう》の朱子が大成した新しい儒学の一派）だけを教えるよう命じたとしても、その支配が儒学の教えにもとづいていたわけではありません。なぜなら徳川の社会体制は、儒学を体制の思想とした中国社会や支配層のあり方と、まったく異なっていたからです。渡辺浩氏は『近世日本社会と宋学』の第二章で、儒学の中でも江戸時代に中心的に学ばれた朱子学の概念とそれが前提としていた社会体制が、いかに日本社会と異なるものであり、そのことが日本の儒者たちにどのような影響を与えたかを丁寧に分析しています。それを参考に江戸時代の日本と中国との違いを考えてみます。

　儒学は何よりも、人間が聖人の教えを学ぶことで道徳的に完成し、聖人君子になることをめざす教えでした。それを学ぶための重要なテキストが「四書五経」と呼ばれるもので、「四書」は『大学』『論語』『孟子』『中庸』、「五経」とは『易経』『詩経』『書経』『春秋』『礼記《らいき》』を指します。これらを学ぶことで福沢は、テキストの中に書かれていた教えである、そもそも人間は世界にあるすべてのものの中で最も優れている存在つまり「万物の霊」（『書経』泰誓《たいせい》上）であることや、君子はどのような状況でも正しく行為し、「独立」して揺らぐことがない（『易経』大過）というような考え方を知ったと思われます。

　聖人君子のような立派な人間になるためには、学問をすることが必要でした。その考え方を示すのが『大学』に書かれる「三綱領八条目」です。これは、人間が聖人に至るために学問をする目的とその方法を示した儒学の根本原則です。朱子は、なぜ人間が学問をすべきかについて、以下のように説明しました。

世界は真にあるべき唯一の永久不変の「理」を根拠として成り立っている。そしてそれぞれの個物は、内在する「理」としての「性」を持っている。人間もこの世に存在したはじめから、誰もが「仁義礼智の性」を天から与えられている。聖人とは、天から与えられた人間としての「性」を完全に実現している、つまり「理」そのものであるような人格のことをいう。このように人間は皆平等に「性」を与えられ、すべての人が聖人になる可能性を持っているが、他方で、肉体および精神の原理を司《つかさど》る「気」の影響を受け、「気」の妨害によって、自分の「性（理）」を認識できず、それを完全に発揮することができない人も出てくる。それゆえ自ら「理」を体現した聖人君子は、人々を治めると同時に、人々を教えて、彼らが本来持つ道徳性を自覚させ、固有の「性」に復せしめようとするのである。こうしてすべての人が自分の「性」を自覚するために学問をするというのです。

学問をする目的を示す「三綱領」を朱子は、「明徳を明らかにする、民を新たにする、至善に止《とど》まる」という三つの内容として示しました。「明徳を明らかにする」とは、自分がもともと持っている善なる性を明らかにして覚醒させることをいいます。続く「民を新たにする」とは、このように自分の「明徳」を明らかにした君子が、それをほかの人にも及ぼし、人々に各自の明徳を明らかにさせることです。このとき重要なのは、それが人々の内部からの自発的な自己革新であることだとされました。そして「至善に止まる」とは、物事の「理」が完全に実現し、極致にたどり着いたら、そこに止まるということです。つまりここでめざされたのは、天理そのもののような人格に到達することでした。

続いてそれを実現する具体的手順として「格物・致知・誠意・正心《せいしん》・修身・斉家《せいか》・治国・平天下」を内容とする「八条目」が示されます。これはまず、さまざまなことについてつきつめて本当に理解し（格物致知）、それをしっかり持って心を正し（誠意正心）、自分の身を修める（修身）。その上で家の中をととのえ（斉家）、国を支配し（治国）、天下を平和にする（平天下）というものです。このように人間は学問をすることで聖人になり、人々を導くことで天下の平和にまで至ることができるのです。

福沢が学んだ儒学とは、このような教えでした。これをふまえた上で福沢が儒学を学んだことの意味を考えるとき注意すべきは、中国と徳川社会との以下のような違いだと考えられます。

まず、中国社会において支配を行なっていたのは、上のような儒学の教えを学び、「科挙」

という試験に合格した「士大夫《したいふ》」でした。つまり中国の支配層は文人だということであり、武力により支配者となった武士が支配する徳川の社会と中国は、まったく異なる体制だったということです。さらに支配層が「科挙」により選抜されるということは、基本的には誰でも、学問をして「科挙」に受かりさえすれば支配層になれるという平等な可能性が開かれていた社会だったということです。これは、武士という身分にある人が先祖から続く「家」の仕事つまり「家職」を代々引き継ぐことで支配し、その中で出世するには「家柄」がものをいう徳川の体制との大きな違いでした。

福沢は、中津で経験した上級武士の横暴に憤り、学問好きでありながら、学者ではなく福沢の「家」に代々与えられた仕事すなわち「家職」に従事しなければならなかった父の無念さを思って、晩年『福翁自伝』に「門閥制度は親の敵でござる」と書きました。このことからわかるように、徳川社会の「家」や身分による抑圧を憎んでいた福沢が、学問によって平等に飛躍の機会が与えられる可能性を示す儒学の思想に触れることは、彼に大きな希望を与えることになったと思われます。つまり福沢は、徳川社会の閉塞状態の中で儒学を学ぶことで、自分を学問によって発展させていく可能性や、人間が能力によって評価され活躍できるような社会があることを知ったのです。

こうして福沢は、儒学の経典に書かれていた基本的概念である「万物の霊」や「独立」、そしてそれぞれの人間が学問により発展していく道筋を示した「三綱領八条目」の枠組みを、生涯持ち続けることになりました。もっとも儒学が目標としたのは、道徳的に立派な人間になることでしたから、この点に関しては、時代の変化に伴い、また福沢が西洋の思想と出会うことで、変更が加えられていくのです。

西洋と出会う

中津での生活に不満を持っていた福沢は、嘉永《かえい》六（一八五三）年のペリー来航により蘭学の必要性を兄から教えられ、翌年長崎に行って蘭学の修行を始めました。長崎では砲術家の家に住み込んで砲術やオランダ語を学びましたが、安政二（一八五五）年には奥平家の意向で中津に呼び戻されそうになったため、中津へは戻らずに兄のいた大阪に行き、緒方洪庵《おがたこうあん》の適塾に入門して、本格的に蘭学を学ぶことになりました。

しかしその翌年福沢家を継いでいた兄が亡くなったため、諭吉が家督を継ぎ、奥平家に仕えることを余儀なくされました。それでも蘭学の修行をあきらめきれなかった福沢は、「家」によって縛られる自分の境遇を打破するために母を説得し、砲術修行という名目で大阪に行く許可を藩から得ることで、再び適塾で学ぶことができるようになりました。

適塾は、オランダ語の基礎から学術文献の読解まで、組織だった蘭学教育を行なう優れた蘭学塾でした。ここから明治国家を担う多くの人材が輩出しましたが、彼らは若者特有の無茶苦茶な日々を過ごしながら、新しい知識を真剣に吸収しようとしました。特に自然科学の知識を実験により確かめる実証的な学習態度が特徴的でした。ここで福沢は、西洋の近代科学の知識に触れ、その考え方を理解しました。つまり福沢は、蘭学を学ぶことで、人間が科学的に思考することの重要性について理解したのだと考えられます。これ以後福沢の思想においては、一貫して人間が科学的合理的に思考することが重視されるようになります。

安政五（一八五八）年福沢は、藩の命令により蘭学を教えるため江戸に移り、中津藩中屋敷の長屋で塾を開きました。しかし翌安政六年、横浜に行った彼は蘭学よりも英学を学ぶ必要を悟り、以後英文に取り組むようになりました。この年徳川政権は、日米修好通商条約批准書の交換のため、翌年咸臨丸《かんりんまる》をアメリカに派遣することを決定しました。これを知った福沢は、咸臨丸を指揮する軍艦奉行木村摂津守《せっつのかみ》に随行を願い出て、従僕の名で同行することを許されました。

アメリカではさまざまな事物に触れ、これまで学んできた知識を確かめることができたのですが、自然科学については理解できても、社会・政治・経済に関してはわからないことばかりだったと、福沢は述べています。彼が特に印象深く感じたのは、アメリカでは女性が尊重されていること、またワシントンの子孫について誰も興味を持っていない、つまり世襲の考えがないということでした。

アメリカで福沢はウェブスターの英語辞書と中国人子卿《しけい》著の辞書『華英通語』を買って帰り、その後は英語を中心に学び、教えることにしました。帰国後に『増訂華英通語』を出版しています。

その後福沢は、幕府の外国方に雇われ、外交文書の翻訳にあたっていましたが、幕府が文久二（一八六二）年に開港開市延期の交渉のためヨーロッパ各国に派遣する使節に、翻訳方として参加することになりました。福沢が西洋の文明社会を経験するのは二度目であり、すでにオランダ語と英語を理解することができました。また徳川政権を代表する使節団でしたから、欧州諸国の処遇も一流のものだったと思われます。

使節団は「鎖国をそのまま担いで」欧州を回るような状況でしたが、福沢は、政治制度をはじめとして、産業施設、病院や学校などの社会制度、そして芸術に至るまで欧州文明の粋に触れ、細かな部分についても質問して理解に努めました。そして、かなりの額の手当金をすべて英書の購入にあてました。彼の西洋文明に対する理解は、格段に進んだといえましょう。この欧州行きが、福沢のその後の生き方に大きな影響を与えたと思われます。

欧州から帰国すると日本では攘夷論《じょういろん》真っ盛りでしたが、福沢はひたすら身を慎んで「著書翻訳」に努めました。そして文久三（一八六三）年秋には鉄砲洲《てっぽうず》の中津藩中屋敷の長屋を一棟借り、塾を大きくしました。福沢の生涯を貫く著作翻訳活動と教育活動の基礎がこうしてでき上がったのです。武士をやめ知識人として生きるという福沢にとっての「維新」への道は、この年から始まったといえるでしょう。

しかしこの時点では、これらふたつの活動はいわば副業というべきもので、福沢の本業は幕府における翻訳でした。元治元（一八六四）年には「外国奉行翻訳方」に召出され、幕臣となっています。攘夷論が盛んになる中で、福沢は幕府の仕事をしながら政治情勢に触れ、その中で自分の活動を進めていきました。同年には中津に帰省し、塾を任せるための人材を選んで江戸に連れ帰っています。

慶応元（一八六五）年流動化する政治情勢の中で福沢は、中津藩に対して佐幕開国の立場に立つことを勧める建言書を執筆し、翌年の第二次長州征伐に関しては「長州再征に関する建白書」を書いて、外国兵を使ってでも長州を征伐して統一的な政権を作ることを主張しました。

この頃の福沢は、長州やイギリスが進めようとする「大名同盟」は国内対立につながるとして、文明開化のために将軍を中心とした「大君之《の》モナルキ」という政治体制を志向していたのです。

武士からの転身

このような政治的動乱で世の中全体が武士風になる中、福沢は慶応二（一八六六）年秋に、武士としての体裁を保つための刀だけを残して、残りの刀剣をすべて売り払いました。彼は、「刀は要らない、馬鹿馬鹿しい」と述べるだけですが、武士の象徴としての刀を売り払う決断には、かなりの覚悟が必要だったでしょう。この年の終わりにかけて、『雷銃操法巻之一』『西洋事情初編』を刊行しています。福沢の本格的な翻訳出版活動の始まりといえましょう。

明けて慶応三（一八六七）年福沢は、再び幕府の使節団の一員としてアメリカに行きます。その際彼は多くの洋書を買って帰り、それらを塾での教育に使いました。帰国後に、渡米中の行動が問題とされて幕府から謹慎処分を受け、購入した書籍も差し押さえられますが、その間も福沢は翻訳に励み、それらの出版手続きを進めました。一〇月には徳川慶喜により大政奉還が行なわれましたが、この時点では政権の行方がどのようになるか不透明な状態でした。この年に福沢は『西洋旅案内』『条約十一国記』『西洋衣食住』などを出版しますが、これらは驚異的な売れ行きをみせ、福沢に大きな収入をもたらしました。この年の暮れには新銭座《しんせんざ》の有馬家中屋敷を買い取っています。

このように福沢は翻訳と教育という事業を着々と進めましたが、政治情勢が不安定なため、最終的に武士を辞める決断をしたのは、慶応四（一八六八）年になってからでした。この年の正月には鳥羽伏見《とばふしみ》の戦いがありましたが、福沢は二月に新銭座の塾の工事を始めました。三月には幕府からの命令に対し病気と称して出仕せず、四月には塾を新銭座に移して「慶應義塾」と名づけ、彰義隊《しょうぎたい》の戦いの最中も講義を続けました。六月には幕府に対して「御暇願《おいとまねがい》」を提出し、それ以後は「双刀を投棄し読書渡世の一小民」になることを表明しました。その上で、生業《なりわい》とすべき翻訳についての料金を定めています。またこの頃、『西洋事情外編』を刊行しています。

この年の九月に明治と改元された後には新政府から何度か出仕の命令を受けますが、これも固辞しています。こうして福沢は、誰にも頼らず自分の力で生きる道を歩み始めました。福沢自身の「独立」といえましょう。福沢は自分の人生を「一身にして二生《にせい》を経《ふ》る」つまりひとりでふたつの人生を生きるようだと言っているのですが、ここで武士としての人生が終わり、明治という新しい時代に言論と教育により生きる知識人というふたつめの人生を始めるのです。

しかし福沢の社会構想について考えると、彼の思想における「二生」は、儒学思想を学んだ時代と、蘭学そして洋学を学ぶことになった適塾以降の時代とに分けて考えることができると思います。そして福沢は、このふたつの生において学んだ思想のどちらも生かすような形で、自分の社会構想を作り上げていくのです。これ以後福沢が西洋から何をどのように学んだかを見る上で重要なのが『西洋事情』です。次にこの書について検討することにしましょう。

二、西洋から学ぶ――「文字は観念の符号」（「福沢全集緒言」）

『西洋事情初編』

福沢は、『西洋事情』と題する書を三回にわたって出版しました。『西洋事情初編』（慶応二〈一八六六〉年刊）、『西洋事情外編』（慶応四〈一八六八〉年刊）、そして『西洋事情二編』（明治三〈一八七〇〉年刊）です。これら三冊の書は、書かれた時期も離れていますし、内容もかなり異なり、その構成もまったく統一されていません。これらが書かれた一八六六年から一八七〇年は、まさに日本の政治体制が激変した時期であり、福沢の身辺にも大きな変化が生じたことは述べたとおりです。そして、そうした変化に対応して福沢は、西洋から何を学ぶべきかを考え、必要なことを人々に伝えようとしたのでしょう。三冊の内容を詳しく見ると、福沢が執筆しながら行きつ戻りつし、苦労して書いている様子が見て取れます。

しかし、福沢が三冊を同じ題名により出版したことからもわかるように、彼が『西洋事情』を執筆しようと考えた意図は、はじめから一貫して変わらなかったように思えます。現代から見ると、『西洋事情』という題名から西洋の様子を紹介した案内書のように思えますが、福沢の意図はもっと厳しいものでした。その執筆意図は、『西洋事情初編』の「小引（短いはしがき）」に書かれています。

福沢はそこで、西洋のことを学ぶ機会が多くなっているが、西洋諸国の国家の内容を知らなければあまり意味がない。それには歴史を知るのが一番だが、歴史を読む人はあまりいないだろう。そこで、いくつかの洋書から抄訳して、各国の状況を「史記、政治、海陸軍、銭貨出納」の四項目に分けて説明すると述べます。しかし彼の執筆の目的はここにあるのではありません。福沢は続けて、このように各国の情勢を理解すれば、その国を敵視すべきか友人とみなすかを判断でき、友であれば文明的に交際し、敵であれば武力によって対応する。その対応を誤ることがないであろうと述べるのです。これが彼の目的でした。ですから『西洋事情』は、外国に対抗する戦略を考えるために書かれた本だったのです。

『西洋事情初編』は、福沢が使節として欧州に行った際に見聞きしたことに、さまざまな書物を読んで学んだことを加えて書いた彼のオリジナル作品です。同書を書く前に福沢は、現在「写本　西洋事情」と呼ばれている文書を書いており、周辺の人々により元治元（一八六四）年頃から読まれていたといわれています。その内容は『初編』に反映されていますが、「写本」では混在していた各国についての記述と西洋の社会制度全般についての説明が『初編』では整理され、各国の説明の前に、「備考」として西洋のさまざまな社会制度の一般的な概要が書かれています。福沢は、人々がこれにより日本とは異なる「西洋一般普通の制度風俗」を理解できるように配慮したのです。それでは次に、西洋の社会や人間のあり方について福沢が何を学んだのか、重要な点を見ていくことにしましょう。

福沢は、「備考」のはじめの項「政治」の中で、ヨーロッパの学者の説として、文明の政治の要点は六ヶ条あるとして、その第一として「自主任意」をあげています。文明の政治が行なわれる国では、国法がゆるやかで人を束縛せず、人々が自分の好きな職業につくことができるとした上で、そうであれば「士農工商」の間に少しも区別がなく、また「門閥」を論じることがないと述べています。そして、そこでは少しも他人の「自由」を妨げずに、「天稟《てんぴん》の才力」を伸ばせるようにするのだというのです。

このように人間が自分の持って生まれた「才力」を伸ばすことができ、社会的に身分や「門閥」に縛られない社会があることを、福沢は儒学を学ぶ中で、すでに知っていました。そして福沢は、ヨーロッパにおいても、同様な社会のあり方が重要だと考えられていることを認識したのです。そしてこの状態を彼は「フリードム（freedom）」または「リベルチ（liberty）」と呼ぶのだということを学び、それに「自由」という日本語をあてました。

しかし福沢が「文明の政治」の項の終わりに小さな文字で注意書きを入れたように、当時の日本語の「自由」は、「わがまま放蕩《ほうとう》で国法も恐れない」という意味に受け取られる可能性があったのでしょう。彼はわざわざ「すべて人と交わって気兼ねや遠慮なく自分で思い切りのことをすべきだという意味だ」と断りを入れ、それを英語では「フリードム」または「リベルチ」と言うのだと述べた後、「未《いま》だ的当の訳字あらず」と付け加えています。つまり福沢は、儒学を学ぶ中で触れ、ヨーロッパの政治の議論においても見出《みいだ》した「門閥」のない社会のあり方を、日本語で「自由」と呼ぶことについて、躊躇《ちゅうちょ》せざるを得なかったのです。この「自由」という語をめぐる葛藤は、この後しばらく続くことになります。

『初編』では、政治の後に、税や紙幣、会社など経済に関する説明があり、それに続いて外交関係のことが書かれています。そこでは、ヨーロッパ各国の関係は、日本の封建諸侯の国々の付合いのようだと書かれた後、それでももともとは「独立の国」なので、互いに条約を結んで関係を円満にすると説明されています。つまり、福沢は「独立」という言葉をすでに知っていましたが、それを使うべきは、まずは国家に関してであると考えていたことになるでしょう。

「文学技術」という項では、学問について説明されています。その内容はいわば科学の歴史で、中世までのアリストテレスの影響下にあった時代と一七世紀の科学革命が対比されます。中でもニュートンがその中心人物として、後の産業革命につながる業績をあげたことが賞賛されています。福沢は後に重要な学問として物理学をあげ、晩年の『福翁百話』に至るまでニュートンを賞賛するのですが、それはここから始まったといえましょう。

もうひとつ重要なのは、福沢がここで西洋の学問の意味を「万物の理を究めその用を明らかにして人生の便利を達するために、人々の天稟の智力を尽くすようにさせる」点にあると説明し、「修徳正行の道」は、別の教えにより導くようにしているのだと付け加えている点です。儒学でも学問は重要でした。しかしそれは徳を修める、つまり「修徳」のためのものでした。それに対し西洋の学問は、理を究め人生の便利を達するためにある。徳は学問によって導かれるのではないのだというのです。そして福沢は、このような学問を「実学」と呼びました。これも生涯にわたって使われる概念となります。

『西洋事情外編』

慶応二（一八六六）年の一二月に『初編』を発行した後、明けて慶応三年一月に福沢はあわただしくアメリカに出かけていきます。それ以後の福沢と日本国家の変化は、前述したとおりです。そのような状況の中で福沢は、一八六八年の年号が明治と改まる少し前に、『西洋事情外編』を刊行しました。

『初編』は西洋全般の社会制度を説明する「備考」の書かれた「巻之一」に続いて、「巻之二」

「巻之三」においてアメリカ、オランダ、イギリスまでの説明を書いたところで発行されましたが、福沢の最初のプランでは、これに続けてロシア、フランス、ポルトガル、ゼルマン、プロシアについて書くつもりでした。ところが福沢はこれを一時中断し、『外編』を発刊したのです。その事情については、「題言」において説明されています。つまり、このまま各国の説明を書いても、まだ西洋の全体の事情をよく飲み込めないだろう。『初編』に「備考」を付けたのも概要を説明するためであった。しかし自分の見聞をもとに書いたので不十分な内容である。そのように述べて福沢は、イギリスのチャンバーズ社の初学者向けの書（*Chambers's Educational Course*）を中心に翻訳し、さらなる説明を加えようとしました。つまり、この書はいわば最初のプランの番外編ということで、『外編』と名づけられたのです。その内容はチャンバーズ社発行の『経済学（*Political Economy, For Use in Schools, and for Private Instruction*）』の途中までの翻訳です。

チャンバーズ本を読んで気がつくのは、全体がキリスト教の世界観にもとづき論じられているということです。まずはじめは「人間」という項目ですが、福沢により「人の生ずるや」と書かれた部分の原文は、'MAN, in being placed upon the earth by his Divine Creator,' つまり「造物主により地上に置かれた人間」です。こうして生まれた人間が、どのように世界を拡《ひろ》げ、その中でどのように生きていくのかを論じるのです。神により創られた人間は家族を持ち、社会の中で生き、国家の一員となり、各国と交際する。このようなプロセスによって議論が進んでいきます。

このようにチャンバーズ本で個人が出発点とされたのは、神がひとりの人間を創ったからでしたが、そこから家族、国家へと広がる社会の構成を見たとき、福沢は儒学の「八条目」に示された「修身」から「平天下」へと拡大していく社会についての考え方と重なると感じたことでしょう。両方とも、個人が身分や門閥に埋没するのではなく、自分の生を生き、世界を拡げていくことを示す考え方だったからです。

そしてそのような個人は、生まれつき天から与えられた「才力」を活用する「自由」の「通義」を与えられていると主張されました。しかし、「自由」にはいくつかの条件が付いていました。ひとつは、人間が社会に生きるとき、「自由」は相互的なもので、時には「堪忍し」、自分の意向を曲げなければならないときもあるということです。日本語の「自由」が「わがまま放蕩」の意味をもつことで、「リベルチ」については十分納得できる訳ができないと感じていた福沢は、このように自由が制限される可能性をもつことをここで学んだと思われます。

もうひとつ自由に関して学んだ重要なことは、それぞれの人間が自由を全うするためには、それに応じた義務を果たす必要があるということです。原文では自由の「権利 rights」と「義務 duties」という形で議論されていますが、この'duties'の語を福沢は「職分」と訳しました。その内容は、他人に迷惑をかけない、法律を守るなどですが、重要なのが「不羈《ふき》独立」の存在であるということです。これにより初めて社会関係が円滑になるというのです。こうして福沢は、個人における自由を追求する中で、自由を享受するためには同時に独立することが人間としての「義務」であることを理解しました。つまり自由は独立を前提としており、独立と不可分なのです。こうして『初編』で述べられた国家の独立だけでなく、個人の自由と独立が、福沢の重要なテーマとなっていきます。

そして社会の中で自由と独立を守るために強調されるのが、「徳行を修め法令を守」ることでした。「徳行を修め」の部分の原文には'moral rules'という語が使われています。'moral rules'とは、キリスト教世界では神の法つまり道徳律を意味します。ですから原文では、神の定めた道徳律と国家の定めた法令を守ることにより人間の行動が制御されることが主張されているのですが、福沢はこの'moral rules'を、儒学由来の徳の意味として翻訳しました。このような理解は、道徳に関して、西洋キリスト教道徳との決定的な違いを含意することになります。儒学思想は人間が徳を修めることを目的として学ぶという思想ですが、このとき人間は自分の努力により内発的に道徳を獲得します。それに対しキリスト教における道徳的行為とは、神の命令に従うことでした。この違いをおさえることは、後の福沢の徳に関する思想を検討するとき重要となります。福沢は後にいくつもの徳論を書きますが、そこで常に重視されていたのは、徳を内発的に獲得することでした。

「巻之一」の終わりに政府の成立する所以《ゆえん》を説明した後、「巻之二」では政府について詳しく論じられます。「巻之三」のはじめの項「人民の教育」までを含めて書かれているのは、個人の自由と独立を保証するために、政府の職分として、法と教育が重要であるということです。福沢はこの議論を受けて、この後政府が個人の自由と独立を保証するために担う法と教育という「職分」について、追求していくことになりました。

また福沢は『外編』の中で、このように個人の自由と独立のために政府が機能するような社会の状態を「文明」と呼ぶのだということを理解しました。そして「文明」は、人々が「徳行を修め智識を研《みが》く」ことによって実現されると説明しました。この引用部分の原文は'men's natures are purified, faculties developed'であり、直訳すると「人々の性質は純化され、能力が発達して」という内容ですが、それを福沢は「徳行」と「智識」という言葉を使って表現しました。このように「徳」と「智」が文明の発達において重要だとする考え方は、後の『文明論之概略』における分析につながっていきます。

『西洋事情二編』

『外編』出版の二年後に、福沢は『外編』で学んだ政府の重要な機能としての法についてさらに検討するために、イングランドのコモン・ローの大家であるウィリアム・ブラックストン（William Blackstone、一七二三～一七八〇年）の『イングランド法釈義（*Commentaries on the Laws of England*）』の中から、「個人の絶対的権利について」という章だけを『西洋事情二編』の中に訳出しました。

『二編』の構成もなかなか込み入っています。まず題名が『二編』となっているのは、『初編』に続くという意味です。つまり執筆意図のところで述べたように、『西洋事情』は西洋各国の状況を説明するのが目的でした。しかしそれがとぎれてしまったので、福沢は再び続きを書くつもりでした。その内容が「巻之二」のロシアについての説明以降になるのですが、福沢はここに至っても、それまでの『初編』の「備考」や『外編』の説明では西洋の状況を理解するには不十分かもしれないとして、ロシアの説明の前に「備考」を付け、「巻之一」として出版しました。その前半部分がブラックストンの訳、後半はフランシス・ウェイランドの経済書を抄訳した「収税論」です。

「備考」とは、そもそも本論の理解を進めるための補助的な説明のはずですが、興味深いのは、福沢はこれに加えてさらに、「備考」の前に置いた「例言（凡例）」の中で、「自由（リベルチ）」と「通義（ライト）」については原意を尽くすことができていないとして、これらの概念についての注解を行なっていることです。つまり福沢はこの時点でも、「自由」や「通義」の概念を完全には日本語に移しきれていないという感覚があったのだと思われます。そしてここでも、「自由」という語は、決してわがまま放蕩の意味ではない。他人を害して自分だけ利益を得ようということでもない。ただ心身の働きをたくましくして、人々が互いに妨げず、そして一身の幸福を遂げるという意味なのだと強調しています。その上で、自由とわがままとは違うということを、学者ははっきり理解すべきだと述べるのです。その後「通義」について例をあげて説明していますが、いまひとつわかりにくい内容です。そして、福沢は次の言葉で「例言」を締めくくっています。

「人生の自由はその通義なりとは、人は生まれながら独立不羈にして、束縛を被《こうむ》るの由縁なく、自由自在なるべきはずの道理を持つということなり。」

これは、あたかも福沢の自由と独立の宣言のようではありませんか。福沢は「文字は観念の符号」と述べて、翻訳においては、外国語の示す観念を同じ観念を意味する日本語に置き換えることを心がけていたのですが、「リベルチ」や「ライト」という概念をどのような日本語に訳すべきかについては、まだ納得する言葉が見出せていなかったのです。そのことに悩みつつも、福沢は、これが自分の求めている人間の状態だということを明らかにしたのでしょう。『二編』に訳された「人間の通義」の原本であるブラックストンの『イングランド法釈義』は、判例の積み重ねからなる法体系であるコモン・ロー解釈の基本書であり、イングランド法の影響を受けたアメリカやカナダでも大きな影響力を持っていました。ですからこの書を選んだことは、西洋を理解するための福沢の選択眼のよさを示すといえるでしょう。この書は全四冊の大書なので、福沢はおそらく短い学生用の版を読んだのだと思われます。

ブラックストンの学生用の版では、福沢が訳した章の前に「イントロダクション」があり、法についての一般的説明がなされています。そこではまず、法とは人間の行動に関するルールであり、神から理性と自由意志を与えられた被造物である最も高貴な存在として、人間がその能力をどう使うかの教えであると書かれます。そして、「自然法（law of nature)」、国家法、国際法について説明されます。「自然法」とは、被造物としての人間に与えられた神の法です。神は人間に与えた自由意志を規制し、理性により「自然法」を見つけるようにしたとされます。

この法は、永遠で不可侵の善悪を定め、人間の道徳の基礎となります。

そして国家法については、「国家における善を命令し悪を禁じることを内容とした、国家権力により規定された行動のルール」と定義します。そして「自然法」と国家法との違いについて、「自然法」は道徳的行為についてのルールだが、国家法は他人に対する国民としての義務であって、社会の平和や存続に関わるルールなのだと説明します。もし人間が「自然状態（a state of nature）」で他人との関わりなしに生きるなら、「自然法」以外のルールはない。しかし人間は社会（society）のために形作られ、ひとりでは生きられない。そこで国家を作るが、それは人間が欠乏や恐怖から、ほかの人間と一緒にいることを求めて「原契約（the original contract of society）」を結ぶという意味だと説明しています。

このように、ブラックストンの議論もキリスト教の世界観にもとづいていることがわかるでしょう。さらに「自然法」「自然状態」また「原契約」という言葉が使われていることからわかるように、彼の社会構造の説明は、ロックの「社会契約論」を前提としていました。ロックの「社会契約論」では、人間は、神の支配する「自然状態」において、神により与えられた身体や所有物を持ち、それを自由に使うことが保証されていました。それが人間の「自然権」です。それに縛りをかけるのが、神の命令である「自然法」ということになります。しかし「自然法」だけでは、人間の権利の保証が不十分なので、相互に契約を結んで国家を作り、「自然状態」から国家で生きる状態へと移行します。そしてさらに自分たちの権利を守るために国家法を作ることになったとされたのです。

ここから、個々人の身体や所有物、自由は神により与えられたものだから絶対的なもので、誰にも奪えないという権利の概念や、国家権力は個々人の権利を守るために人間が設立したものだから、支配者がその目的に反したら抵抗が許されるという抵抗権の主張が出てくるのです。

このようにブラックストンの議論における「自然」とは、すべて神の創った「自然」を含意する言葉であり、それゆえその「自然」は神の絶対性の影響下にあります。しかし福沢は、これを「天」と訳しました。福沢が学んだ儒学において、「天」とは大自然に近い意味を持っていたといいます。「天」により人間の生が動かされていても、それは人間に命令し罰するキリスト教の神の絶対性とはまったく異なるでしょう。西洋における「通義」すなわち権利の概念は、このように神の保証があるがゆえに絶対的なものなのですが、福沢はこの点を理解しませんでした。それが、福沢が「通義」の翻訳にいまひとつ納得できない感覚を持った理由ではないかと思われます。

そして、「通義」の意味を十分とらえることができず、神の支配する「自然状態」から人間の作る国家への移動も理解することがなかった福沢は、支配者の横暴に対する抵抗権の主張も受け入れませんでした。それゆえブラックストンの本では「個人の絶対的権利について」の章の最後に論じられている抵抗権の部分を、福沢は翻訳しませんでした。おそらく政治秩序を混乱させる望ましくない行為だと判断したからでしょう。すでに社会契約論の内容を知っている現代の私たちは、ブラックストンの議論における神の存在を前提とした社会契約論の重要概念を読み取ることができますが、福沢が当時ブラックストンの叙述からそれらを読み取れなかったとしても、無理のないことだったといえるでしょう。

ブラックストンは自由を中心とした人間の「通義」について論じた後、それを保証するための法治主義について論じます。特にイングランドにおける「法の適正手続き（due process of law）」の考え方については、法が国民の自由を守るためにあるので、適正な法の手続きなしには権力によってそれを制限されないことを、「マグナ・カルタ（大憲章）」などの歴史的法典をあげながら説明しています。

このようなブラックストンの議論から福沢が学んだことは、次のようにまとめられると思います。人間は生まれつき自分の身体や財産を所有し、自由に行動する権利を持っている。基本的に他者はそれを侵害してはいけない。しかし国家においてほかの人と共に生きるようになると、これは法により制限される。法は自由を制限すると同時にそれを保証するものでもある。その上で福沢は、国民は法に関わることで不平がある場合は、裁判や直訴を行なえるが、反乱は国家秩序を破壊するので許されないと考えたのです。

三、『中津留別の書』——「万物の霊」としての人間

教育の重要性

福沢は『西洋事情外編』において、法と共に教育が政府の重要な職分であることを学びました。この重要性については、『外編』でさまざまに論じられています。そこではまず政府との関係において、政治制度が円滑に運営されるには、人々が政治のシステムについて理解している必要があり、それなしには国の統治がうまくいかないことが述べられます。さらに「人民の教育」の項で、人々を教育することの重要性が説かれます。まず、人々が学んで知識を持つことで法を守るようになり、無知からくる犯罪がなくなる。そして、学んで働くことで人々が独立すれば、救貧対策も不必要になる。さらに学ぶことで技術革新を理解できれば、それに対する拒否反応もなくなり、技術革新に適応できるようになって、新しい仕事で生計を立てることもたやすくなる。これも社会福祉の必要を減らすだろう。それゆえ教育に費用をかけるのは、結局は国民のためになるのだという内容です。

このような学びの重視は、福沢の学んだ儒学の思想とも重なるものでした。福沢は西洋においてもこのように教育が重要であることを知り、自ら本格的に教育を担う覚悟を固めたのだと思われます。

『西洋事情外編』の出版は、時代がまさに江戸から明治へと移り変わる時期でした。この時期には福沢自身の人生にも大きな変動があったことは述べましたが、その中で福沢は、教育機関としての塾の体制を整え、自分の生活を幕府にも新政府にも頼らないでやっていく形に変えようとしました。福沢は、『外編』の出版準備と並行して、慶応四（一八六八）年新銭座に塾を移して「慶應義塾」と名づけ、授業料の制度を定めました。また生業とすべき翻訳についての料金を定めたのもこの頃です。翻訳と教育で生活していくための基盤を固めたといえましょう。そして、書林が出版を仕切り著者に一定額を払うというそれまでの方法を、自分たちで出版し書林には売りさばき手数料を払う方法に変更しました。福沢が「著訳社会の大変革」と呼ぶこの変更も、彼の経済的基盤を強固にするものだったでしょう。

福沢は、明治初期の社会状況において、国民を広く教育することが非常に重要だと考えました。彼は、政府が開化を進めようとしているのに、人々がそれに対応できていない社会の状況を、いくつもの書簡の中で指摘しています。明治二年二月の書簡では一般の人を教育する必要に触れ、ともかく初学者に世界の常識を学ばせることが重要だとした上で、聖人の書を何度も読み、それを繰り返すという漢学の学習法を批判します。それは奴隷のような態度であって、そのようにしていいては独立はかなわないというのです。そして福沢は、ここで初めて生涯を貫くテーマである「一身独立して一家独立、一家独立一国独立天下独立」を提示しました。その上で、一身を独立させるには智識を開く必要があり、そのためには西洋書を読むべきである。それには翻訳書を増やし、手習師匠でも教えられるようにしたいと書いています。

また同年一一月の書簡では、現在の問題は政府の側にあるのではなく、その恩恵を受けるべき人民の側にある。それゆえ「小民の教育」が必要なのだと論じるのです。さらに明治三年二月の書簡では、人民が新しい社会に適応できず騒乱を起こす状況について、これは無知無学によるものだから、金を与えるのではなく、智恵を付与する方がよいだろうと書いています。まさに『外編』の教育の必要性において論じられたような事態が起こっていたのです。

儒学の思想にもとづく人間と社会

こうして福沢は、この頃から人々に世界について知ってもらうための啓蒙書《けいもうしょ》を次々と執筆していきます。ここで注目すべきは、福沢がこれらの書の中で、徐々に儒学の語彙を使って人間と社会について説明するようになっていくという点です。

そのはじめは、明治と改元された直後に刊行された『訓蒙窮理図解《くんもうきゅうり》』です。福沢はこの「序」において、初めて「万物の霊」という儒学の概念を使って人間を表現しました。人間ならば、「徳義を修め知識を開き」「真に万物の霊」であるようにすべきだと述べたのです。これ以後福沢は、晩年に至るまで理想の人間像を表現するとき一貫してこの「万物の霊」という語を使用しました。また「智徳」という概念は、『西洋事情外編』において文明が進む状況を表現する福沢自身の言葉として使われていましたが、これ以後人間の発達を示す際には、必ず一対として使われるようになります。明治二年に書かれた『掌中《しょうちゅう》万国一覧』においても、人はもともと「万物の霊」なのだから、導けば開化するし、教えれば学芸に進むのであると述べられています。

このように福沢は儒学を身につけた上で西洋の学問を学び、それらを統合しながら望ましい人間と社会のあり方について考え、それを徐々に表現していくようになりました。彼がその思想の中で両者をどのように統合しようとしていたかを示す重要な書が、明治三年に書かれた『学校之説』です。この書の前半は「学校之説」と題されて、最初に福沢が明治二年の書簡に書いた見解、つまり今の問題は「良政の下に立つべき良民」が少ないことであり、その罪の多くは国民の側にあることが述べられます。これを改良するために人民の風俗を「美にする」必要があり、そのためには「開知修心の道」を洋学によって学ぶことが重要だというのです。それゆえ洋学校を開く必要があるが、まず人々には翻訳書により広く基本を教えるべきだと書いています。そして、教えるべき科目を列挙した後に割注で、これらを順に翻訳すべきだと書き、その最後に、「我輩の任なり」と締めくくっています。つまり、翻訳は自分が担当するという決意表明です。これを見ても、福沢が、西洋の知識を人々に知らしめることにいかに使命感を持っていたのかがわかるでしょう。

しかし人間と社会構想に関して注目したいのは、続いて書かれる「洋学の順序」における「第七、修心学」の内容です。「修心学」とは、現代の科目で言えば「倫理学」にあたります。「数学」や「窮理学」などと並んで書かれるその科目の内容は、次のように説明されています。

「人は万物の霊なり。性の善なる、固《もと》より論をまたず。修心学とはこの理に基づき、是非曲直を分かち、礼儀廉節を重んじ、これを外にすれば政府と人民との関係、是を内にすれば親子夫婦の道、一々その分限を定めその職分を立て、天理に従て人間に交るの道を明かにする学問にて、畢竟《ひっきょう》霊心の議論なり。」

「万物の霊」という人間像に続いて書かれる、人の性が善であるという考え方は、孟子の「性善説」として有名ですし、朱子も『論語』の注に「人の性は皆善」と書いています。また「霊心」についても、朱子は「人心は至って霊なり」と論じています。それゆえこれらはまさに儒学の思想にもとづく説明だといえましょう。つまり福沢は、「洋学」の科目として示した「修心学」において、人間としてのあるべき姿を儒学の思想によって表現していたのです！

この内容は、翌明治四年に書かれた『啓蒙手習之文』にもそのまま踏襲されています。福沢はこのときまでに、後に『学問のすすめ』の参考にすることになるフランシス・ウェイランド（Francis Wayland、一七九六～一八六五年）の『修身論（*Elements of Moral Science*）』を手に入れ、その内容を知っていました。『修身論』は、キリスト教の教えに従って人間の道徳について説く本であり、福沢も儒学的な道徳論とは異なる内容に興味を持ったといわれています。それゆえ福沢は、西洋の倫理学の内容を認識した上で『学校之説』および『啓蒙手習之文』を著し、新しい社会における学びを示そうとしました。その際人間のあるべき姿として、儒学の人間像を子どもたちに教えることを選択したのです。それが『啓蒙手習之文』と題された書の中に書かれていることは、福沢が、儒学の思想により人々を「啓蒙」しようとしたことを示すといえるでしょう。

『中津留別の書』

『学校之説』の内容からもわかるように、福沢は、明治三年頃には西洋の思想と儒学をどのように統合するかについての見通しを持つようになっていたように思われます。そして、明治三年一一月に書かれた『中津留別の書』は、彼の社会構想のひとつのまとめを示すものだと考えられます。これは、福沢が母を迎えるために中津に帰ったときに書き記したものなので、深く思索した上で書かれたのではないと思われますが、それだけに、彼の考えていることがそのまま示されているように見えるのです。

『中津留別の書』では、まず「万物の霊」という儒学の概念を使って、人間はどのように生きるべきかが説明されます。それは、「天道に従って徳を修め、人の人たる知識聞見を博くし、物に接し人に交わり、我が一身の独立を謀り、我が一家の活計を立ててこそ、始めて万物の霊というべきなり」という内容です。

これに続いて書かれるのは、福沢が西洋から学んだ人間の自由と独立の問題です。ここでも福沢は、自由とはわがままのことではなく、他人の行動を妨げずに自分の心のままに行動するという意味だという点を確認します。そして、このように相互の行動を侵害せずに各人の一身の独立を可能にすれば、人の本来の性は正しいのであるから、人間関係が悪い方に行くことはないと述べます。その上で次のように書きます。

「人の自由独立は大切なるものにて、この一義を誤るときは、徳も修むべからず、智も開くべからず、家も治まらず、国も立たず、天下の独立も望むべからず。一身独立して一家独立し、一家独立して一国独立し、一国独立して天下も独立すべし。士農工商、相互いにその自由独立を妨ぐべからず。」

このように、それまでいくつかの書において使われてきた「万物の霊」「智徳」そして「一身」から「天下」に至るまでの「独立」という概念が、『中津留別の書』において初めて有機的なつながりを持って示されました。

ここで提示された、徳を修め、智を開き、一身独立から一家独立、一国独立そして天下の独立へとつなげていく人間と社会のあり方は、福沢が『大学』で学んだ「八条目」を下敷きにしていると考えられます。「格物・致知・誠意・正心・修身・斉家・治国・平天下」という「八条目」のうち、物の理を窮め尽くすという「格物致知」を「智」という言葉に置き換え、心を正す「誠意正心」を「徳」と表現した上で、「修身・斉家・治国・平天下」を「一身」から「天下」まで、それぞれの独立をめざすという内容に変えたのです。しかしその大前提となるのは、人間が自由であり、独立するということでした。つまり儒学の社会構想の骨組みの上に、西洋から学んだ自由と独立という衣が着せられたとでもいえましょう。福沢は、これ以後この社会構想にそって考えを進めていくことになります。そして、ここでは検討されなかった「智」と「徳」の発展過程に関しては、『文明論之概略』において詳しく論じられることになるのです。

続いて家族における夫婦関係と親子関係について論じた上で、政府の成立とその仕事、人々との関係について説明しています。その上で福沢は、さまざまな国の書を読んで学ぶことを勧めます。そして、外国との関係の始まった時代において、古い学問に固執していては外国人に負けてしまう。世界の情勢を理解して世界のことを論じ、国内では「智徳を修めて人々の独立自由」をたくましくし、対外的には公法を守って一国の独立を輝かすべきだと主張するのです。

そのためには洋学を学ぶべきことが、ここでも強調されています。

四、『学問のすすめ』——自由と「一身の独立」

〈可能性の平等〉と学問

明治四年になると、福沢は暗殺を警戒して夜は出かけないという状況にありました。また三月には慶應義塾を三田に移転し、初夏から夏にかけて健康がすぐれなかったせいもあってか、あまり思想的に重要な著作は書かれませんでした。明治三年に書いた『学校之説』『西洋事情二編』『中津留別の書』などの著作によって、思想的に一区切り付いたと感じたからかもしれません。しかし年末には、翌年刊行されることになる『学問のすゝめ』の「初編」を執筆しています。福沢諭吉といえば、この冒頭に書かれた「天は人の上に人を造らず人の下に人を造らず」という言葉で知った方も多いことでしょう。

「初編」の終わりに書かれる「端書」にあるように、「初編」は、福沢が勧めて明治四年一一月に設立された中津市学校の開校にあたって、「学問の趣意」を記したものです。『学問のすゝめ』は全部で一七編ありますが、はじめから全体を見通して書き始められたものではなく、「初編」の成功により、次々と続編が書かれたのです。この書は、正式に発行されたもの以外にも偽版が多く刷られて、大ベストセラーになりました。「コピーライト」という英語を「版権」と訳したのは福沢ですが、彼は偽版の横行に対し、その権利の確立のために闘いました。

「初編」ではじめに、「天は人の上に人を造らず人の下に人を造らずと言えり」という有名な一節が書かれ、それに続いて、人は生まれながらに貴賤《きせん》は決まっておらず、「万物の霊」として持っている才覚を使って生活に必要なものを調達し、「自由自在、互いに人の妨げをなさずして」安楽に暮らせるように作られていると言います。そして、学んで自分の持っている可能性を伸ばすかどうかによって、貴くも豊かにもなれると説かれます。そこで学ぶべき学問とは、人間が生活するのに役立つ「実学」であることが必要で、それにより「身も独立し家も独立し天下国家も独立」すべきなのだと主張されています。

この部分は、福沢がはじめに人間の平等を主張しており、それゆえ、西洋からの影響を受けているのだろうと解釈されてきました。しかし、ここでも福沢は人間を「万物の霊」と表現しているので、彼の念頭には儒学的な人間像が浮かんでいたと考えられます。そして、本書のはじめ、福沢が学んだ儒学の内容のところで説明したように、儒学では、世界は唯一の永久不変の「理」を根拠として成り立っていて、それぞれの個物は、内在する「理」としての「性」を持っている。人間もこの世に存在したはじめから、誰もが平等に「仁義礼智の性」を天から与えられているので、すべての人が聖人になる可能性を持っていると考えられていました。福沢がこの部分で述べたのは、そのような、「すべての人が学ぶことで才能を開花させる可能性を持っている」という〈可能性の平等〉であり、「学ぶ」ことによって、そのような本性を明らかにできると考えることも、儒学の根本思想でした。ですからここで書かれたことは、福沢の儒学的思想が反映された内容だといえるでしょう。渡辺浩氏は、『日本思想史と現在』所収の「どこが新しいのか」という論考において、「初編」のこの部分は、当時儒学者の常識だっただけでなく、町人向けの書物にも書かれ、広く流布していたと論じています。

この時期に至るまで、福沢は一般の人々が新しい社会について学ぶことの必要性について論じてきたのですが、その議論は、あくまでもあるべき社会の姿を示すという形で行なわれてきました。それに対し福沢は、ここで初めて、人々に対し現実に必要な行動の指針を示しました。それが「学問のすすめ」です。その際学ぶべきは「実学」だとされました。「実学」という言葉は、『西洋事情初編』の「文学技術」の項で初めて使われましたが、それは、科学革命後の科学的合理的な思想を学ぶ学問を指すものでした。『学問のすすめ』「初編」においては、「実事を押え、その事に就きその物に従い、近く物事の道理を求めて今日の用を達すべき（傍点は筆者による）」「人間普通の実学」と説明されます。つまり、科学的合理的思考にもとづきながら日常生活に役立つような学問という意味でしょう。それを学んだ上で、それぞれが独立するように促したのです。

このように述べた後福沢は、人間は生まれつき自由だが、その自由は無制限なものではなく、分限を知ることが重要であると言います。「フリードム」や「リベルチ」を日本語で「自由」と表現することがわがままと理解される可能性があることについて、福沢が一貫して困難を感じてきたことは、これまで述べたとおりです。彼はすでに『西洋事情初編』において自由を論じる際に、「他人の自由を妨げず」に「天稟の才力」を伸ばすことだと書いていますが、自由を「通義」として論じた『西洋事情外編』においても、自由は相互的なもので、「他の妨げ」をしない限りその自由は保証されることを確認し、自由が制限される可能性を学んでいました。それでも『西洋事情二編』において、まだその点について確信を持った翻訳ができないと感じていたことは前述したとおりです。『学問のすすめ』「初編」においても、「自由自在とのみ唱えて分限を知らざれば我儘《わがまま》放蕩に陥ること多し」と書いています。そしてここでも、「自由と我儘との界《さかい》は、他人の妨げをなすとなさざるとの間にあり」と強調します。この自由の問題は、次の「二編」において詳しく論じられることになります。

その後福沢は、これまで触れてきたように、人民が新しい社会について学ばないことで新しい政府の政策に不満を抱き、法を守らずに強訴一揆《いっき》などを起こせば政府との関係が悪化する。そのようなことにならないように学ぶことが重要だと繰り返し主張するのです。

このように「初編」では、「平等・独立・自由」という西洋近代の自由主義社会において重視された概念が論じられているので、これに関して福沢が西洋思想から影響を受けたのだろうと解釈されてきました。しかし〈可能性の平等〉が儒学の常識だっただけでなく、「実学を学んで独立する」という考え方も、儒学の思想にもとづいていると考えられます。そもそも西洋近代の自由主義思想においては、人間は生まれつき独立していると考えられましたから、独立するために学ぶ努力をする必要はないのです。この点が福沢の議論とは異なります。儒学では学ぶことが重要だったことは説明しましたが、その学びの内容は、人間がいかによく生きるかという道徳すなわち「道学」でした。福沢は、このように「学ぶ」ことで立派な人間になるという儒学の考え方をもとにして、道徳を学ぶ「道学」ではなく、実際に役立つ科学的合理的な学びを「実学」として推奨したのです。

そしてそのことは、学びの先にたどり着く人間のあり方にも変化をもたらします。「道学」を学んでめざすべきは聖人君子という道徳的に優れた人間ですが、「実学」を学ぶことでめざすのは「独立」した人間でした。すなわち福沢は、儒学同様、人々に学ぶことを勧めながら、学ぶ内容を道徳ではなく科学的合理的思想へと転換することで、道徳的修養をめざす儒学の教えを、人間の「独立」という、新しい時代に適合的な生き方をめざす思想へと転回させたのです。なんと鮮やかな転換でしょう！　このように平等や独立、自由という一見西洋の自由主義思想を論じるように見える著作が『学問のすすめ』と題されたこと自体、この著作が儒学の思想をふまえていることを示しているのです。

「行動の自由の権利」の平等

『学問のすすめ』「二編」は、「初編」から二年近く間があいてから出版されました。内容的には、その一ヶ月後に出版された「三編」に続いているといえましょう。まず最初に「端書」が書かれ、そこでは、学問とは「物事の道理を弁《わきま》え、人たる者の職分を知る」ことだと述べられます。そして書物を読み文字を読むことが必要だが、物事の道理をわきまえなければ役に立たないとして、古事記を暗誦《あんしょう》する国学者や経書の奥義を追究する儒者などが批判されています。つまり物事の原理を理解する実学を勧めるのです。

続いて「人は同等なる事」と題された本文が書かれます。ここでは、自由の「権理」に関して論じられます。そしてはじめからしばらくは、アメリカのバプティスト派の牧師であり教育者であったフランシス・ウェイランドの『修身論』における議論がそのまま使われています。ウェイランドが学長をしていたブラウン大学での講義のため一八三五年に刊行されたこの本は、アメリカの道徳教科書の中で最もよく読まれ、また明治初期の日本においても多くの翻訳が出されました。福沢はこれを明治元年に入手し、大変興味を持って六〇冊取り寄せ、翻訳を試みたほか、慶應義塾において講義も行ないました。そして『学問のすすめ』に、その中のいくつかの議論を取り入れました。

福沢の社会構想を検討する本書において『修身論』の影響を見る前にまず確認しておくべきことは、この書は社会の構成を考えた本ではなく、人間の行為に関わる道徳について書かれた本であり、それを仕切っているのは神だという点です。つまり『修身論』の議論は、全編が神の摂理に貫かれているのです。そして、人間と社会関係に関する議論の全体が、「相互性(reciprocity)」というタイトルでまとめられています。そのことからわかるように、それらを統括する道徳原理が「相互性」なのです。それをウェイランドはどのように論じたのでしょうか。

ウェイランドはまず、個々の人間はそれぞれ神からさまざまな資質を与えられていると述べます。つまり人間は多様です。そして人間は、与えられたそれぞれの資質において、さまざまな条件(condition)の違いを持っています。つまり平等だとはいえません。しかし人間は、その資質を使ってそれぞれが幸福を追求するために行動することができるのです。それゆえ、そうした「行動の自由の権利」に関して人間は平等だというのです。しかし、個人がそのように神から与えられた資質を使い幸福を追求する自由が許されているとしても、神は人類が全体として幸せになることを意図したので、個々人は全体の幸せも考える必要があるとウェイランドは言います。それゆえ他人が自由に行動する権利を侵害してはいけない。これが「相互性の法(the law of reciprocity)」というものです。

これは神により定められた道徳に関するルールなので、ブラックストンの法の定義に照らしてみると、「自然法」ということになるでしょう。つまり人間は、「行動の自由の権利」を神から与えられた自然権として持っていますが、他者の権利も尊重しなければいけないので、それは神の命令すなわち「相互性の法」という道徳により縛られるのです。

福沢が西洋から学んだ「リベルチ」という概念について、日本語で「自由」という言葉をあてることで我儘放蕩の意味が含まれてしまうことに悩んでいたことは前述しました。彼は、「自由」には他者の行動を妨げないという条件が付いているのだということを何度も強調していました。ウェイランドの「相互性の法」という議論に出会うことで、福沢はこの点について納得することができたのではないかと思われます。そして、「他の妨げをなさずして達すべきの情を達するは即《すなわ》ち人の権理なり」と、自由の権利を定義することができたのです。その上で、その自由の権利は、すべての人に平等に保証されていると主張しました。

福沢がウェイランドの「行動の自由の権利」という主張に共鳴したのは、江戸から明治へと変化を遂げる日本社会において、最も必要なことだと考えていたからでしょう。福沢がこの時期に江戸時代の体制や儒教の教え、また儒教の本家である清《しん》を指して批判した内容は、身分制やそれを支える儒教の「名分論」、古い教えを墨守する儒者たち、また社会の変化についていけず旧習に固執する清の姿についてでした。彼は、古い体制である身分制や「名分論」による抑圧から人々を解放し、新しい時代に適応した人間になるよう呼びかけるために『学問のすゝめ』を書きました。それを主張するためにウェイランドの議論は適合的だったのです。

そもそも日本の社会は、各個人がそれぞれの職分を果たし、それらが組みあわさることで成り立っていましたが、問題は、そのような職分を自由に選択できず、箱のような体制の中に固定されて生きることでした。そこから解放された明治の時代に、福沢はウェイランドを使って、すべての人に与えられた可能性を伸ばすために自由に行動しようと呼びかけたのです。そしてそれは、江戸時代に「門閥制度」により自由な才能の開花を妨げられたと感じていた福沢の願望でもありました。またウェイランドの道徳の根本にある「相互性の法」は、自由は無制限のものではないことを示して、日本語の「自由」という言葉の持つ「我儘放蕩」という意味を稀《き》釈《しゃく》化するものでしたし、「お互いさま」という関係が日常的に存在する日本人にはなじみやすいものだったと思われます。

ウェイランドの議論では、これらはすべて神が定めたことだとされていました。しかしブラックストンの前提としていたロックの議論では、「自然状態」や「自然権」というような理論的に重要な概念が直接神の介入を前提としていたのに比べ、ウェイランドの議論は、全体を神の摂理が貫徹しているがゆえに、逆に議論の細部に神が関わらない構造でした。それゆえ全体を統括している神の概念を無視すれば、そのまま日本で通じる議論だったといえましょう。そのことも福沢による受容を容易にしたと考えられます。

そして福沢は、政府と人民との関係も、個人同様「相互性」の文脈で論じました。つまり政府と人民の間も権利の異同はない。相互に権利を守ってそれぞれが役割を果たすべきだという議論です。「政府は法令を設けて悪人を制し善人を保護す。これ即ち政府の商売なり。」それに対し百姓町人は税を負担し国法を守る。これが双方の約束である。それぞれがその職分を全うし、侵害しないことを「レシプロシチ」または「エクウヲリチ」と呼ぶのだというのです。こうした議論は、ウェイランドには存在しません。

福沢が政府と人民との関係をこのように論じたのは、政府と人民との関係を安定化させることが重要だという、前からの問題意識が続いていたからだと思われます。つまり人民は法を守り、政府は法を適正に運用する。これが相互の約束なのだというのです。このような約束があるにもかかわらず、人民がそのことをよく理解せず、法を無視して暴動などを起こせば、自然と横暴な政府となるでしょう。それゆえこれを避け、政府と対等な地位に立つために学問する必要があるのだと、ここでも強調するのです。

「二編」でこう論じた後、続いて福沢は「三編」の前半で「国は同等なる事」と題して、ウェイランドの議論を引用して、国家間の「行動の自由の権利」が平等であることを論じました。

独立とは

「三編」の後半では、自由の問題から独立の問題へと議論が展開し、「一身の独立」と「国家の独立」の問題が論じられます。それは、江戸時代の人間のあり方と新しい社会における人間のあり方の根本に触れる議論だったといえましょう。「一身独立して一国独立する事」と題された部分で福沢は、彼の考える独立を定義します。

「独立とは、自分にて自分の身を支配し、他に依《よ》りすがる心なきを言う。自ら物事の理非を弁別して処置を誤ることなき者は、他人の智恵に依らざる独立なり。自ら心身を労して私立の活計をなす者は、他人の財に依らざる独立なり。」

すなわち一個の人間として自分をコントロールし、他人に依存しない。これが独立の定義であり、その内容として、さまざまなことを自分で判断できること、そして経済的に自立していることをあげるのです。

それに対し独立していないというのは、他人に依存する状態のことです。福沢は、江戸時代にいわれた「民はこれに由《よ》らしむべしこれを知らしむべからず」というお上の方針により、お上の意向に従うばかりだった人々の様子を批判します。支配者が人民を子どものように扱うパターナリスティックな支配では、人々がおとなしく従い平穏が保たれるけれど、国内の人々が主人たる層と客分たる層に分かれ、客分は国に関してまったく責任を持つことがなくなってしまう。これではとても国の独立は難しい。それゆえ福沢は、人々に自由の権利を使うことで自分の独立を達成し、さらに自分の国のことを自分の身の上に引き受けて、国民たる分を尽くすよう呼びかけたのです。「その国に住居し起居眠食自由自在なるの権義あり。すでにその権義あれば、また随ってその職分なかるべからず。」ここには、『西洋事情外編』で学んだ自由の「権義」と独立の「職分」という考え方が現れていることが見て取れるでしょう。

このように福沢は、人々に実学を学ぶことで独立し、そこから国家の独立へとつなげることを説きました。それが「三編」に掲げられた「一身独立して一国独立する事」です。しかし本書を通じて示すように、福沢は生涯を通じて社会構想の中に家族を含めて考えており、「一身独立、一家独立、一国独立、天下独立」を追求しました。そして「初編」でも同様に、「身も独立し家も独立し天下国家も独立すべきなり」と述べられていました。「三編」において福沢が「家」を捨象して「一身独立して一国独立する事」と述べたのは、ここでの議論が、人々に国家を自分のこととして考え、自分の独立と国家の独立を結びつけて考えてもらうことを目的としていたからです。それゆえこの一節を福沢の社会構想における代表的な思想として引用することは、福沢の社会構想に関する解釈として問題であるだけでなく、家族や男女の関係をも含めて社会を構想した福沢の思想を矮小《わいしょう》化するものだといえましょう。

このように福沢は、人々が行動の自由という権利を使って新しい社会について学ぶことで、自分で判断できる人になり、政府との関係が良好になると同時に国家の独立も守ることができるようになることを呼びかけたのです。すなわち福沢は『学問のすすめ』において、ウェイランドの議論を、道徳ではなく「相互性の法」を中心とした「行動の自由の権利」の主張として受け入れ、学問や独立という問題を含んだ大きな広がりを持つ議論として展開したのでした。

しかし「行動の自由の権利」が主張された文脈は、西洋とはまったく異なるものでした。西洋の思想において権利の主張がなされたのは、権力の圧制に対抗して、人々が自分たちの持っている権利を守るためでした。それに対し福沢が権利の主張を引用したのは、人々にこのような権利があるからそれを使うようにと呼びかけるためだったのです。それを認識することなしには、西洋のような新しい社会は成立しない。福沢の仕事は、人々の自発性を外側から促すことでしたが、それは「啓蒙」が直面するジレンマそのものの努力だったといえましょう。そしてその難しさは彼にも自覚されており、「四編」に書かれるように、その「実効の挙がる」のが見えず、「政府は依然たる専制の政府、人民は依然たる無気無力の愚民」という状況が続いたのです。

そこで福沢は、文明を進めるためにはこれまでの気風を一掃する必要があるとして、人々を引っ張るリーダーたる人々の問題について論じました。「四編」「五編」で、西洋では、「ミッヅルカラッス」の人々が政府と対抗できるさまざまな分野で活躍している。それに対し日本では洋学者が活躍すべきだが、彼らは私立の立場で活動せず、官の道ばかり求めるとして、そうした状態を批判しました。福沢は、政府と人民のバランスが取れるように、さまざまな分野で人民が活躍しなければならないと考えていたのです。

『修身論』の影響

「六編　国法の貴きを論ず」と「七編　国民の職分を論ず」は、「二編」「三編」における議論を敷衍《ふえん》したものともいえます。「六編」では、政府は国民の「総名代」だから、国民の意志に従って仕事をするが、その中心は法の執行であるとされ、法の重要性が説かれます。その政府は、もともと国民の立てたものだから、政府のすることは国民がすることだという意味であり、それゆえ政府の作った法に従うのは、自分で作った法に従うということなのだと説明されます。ここから「国民たる者は一人にて二人前の役目を勤むるが如《ごと》し」と述べられ、自分の名代として政府を立て法を執行する役割と、政府の法に従う国民としての役割について書かれています。こうして国民は政府と約束を結んだのだから、法を守らなければいけないとして、法的秩序を乱す私裁や敵討ち、暗殺などが批判されます。つまり法は政府の扱う専権事項なので、それに対し不満がある場合は手続きを踏んで訴えるべきであると主張されるのです。まさに題名のとおり、「国法の貴き」を論じ、法による国家の安定化を論じる内容です。

この「六編」と「七編」が、ウェイランドの『修身論』から文章を借りて書かれていることは確かです。しかし文章上の類似にもかかわらず、福沢が読者に伝えようとしたことは、ウェイランドの意図とはかなりかけ離れていました。それは、前にも書いたように、ウェイランドが神の存在を大前提として社会について論じているからです。

「六編」は『修身論』の「シヴィル・ソサイァティ」の議論を参考にしています。ウェイランドは、人間の社会集団を「単純社会（simple society）」と「シヴィル・ソサイァティ（civil society）」の二種類に分けて説明しました。国家が扱われるのは「シヴィル・ソサイァティ」においてです。'civil society'という語は、社会契約により設立された国家（政治社会）を意味するものとして使われることもありますが、ウェイランドの議論は、そのような理解とはまったく異なっています。

「単純社会」は、たとえば会社のように、「人間の意志」だけにもとづいて契約で作ることができ、人間が任意に解散できる団体のことを意味するのに対し、「シヴィル・ソサイァティ」とは「神の意志」によって創られ、人間がその中で生きるべき社会を意味します。国家もこの中に含まれます。彼は、国家の成立について、結婚による家族の成立から始まり、そこから次第にメンバーが増えることによって拡大し、国家になっていくと考えていたようです。これは、アリストテレス以来の伝統的な国家成立の説明だといえましょう。

しかし『修身論』において何よりも重要なのは、「シヴィル・ソサイァティ」が「神の意図」

のもと存在しているという点です。ウェイランドは何度もそのことを確認しています。「シヴィル・ソサイァティ」に参加する人は、「シヴィル・ソサイァティ」と契約を結び、神の制定であるその集団を破壊しないよう、神の法に従う必要があるとウェイランドは述べます。「シヴィル・ソサイァティ」のメンバーとなった個々人は、神の定めた「相互性の法」を守り、自分を守るための自己防衛や自己救済の権利を「シヴィル・ソサイァティ」に移譲します。こうして「シヴィル・ソサイァティ」は個々人に代わって法を執行する権利を独占し、メンバーたる個人を守るのです。その目的は神の創った「シヴィル・ソサイァティ」を保護するためですから、社会を不安定にする私的制裁や犯罪に対して個人的に復讐《ふくしゅう》することは、神の意志に反するとして認められません。このようにウェイランドの議論でも法が重要だとされているのですが、それはあくまでも、神の制定である「シヴィル・ソサイァティ」の存在が脅かされないようにするためなのです。

ウェイランドは、社会が大きくなって国家のレベルに達すると、「シヴィル・ソサイァティ」のメンバー全員でこうした社会防衛の仕事を行なうよりも、誰か専門の担当者を置いた方が効率的なので、政府が設立されると言います。しかし政府は「シヴィル・ソサイァティ」のこうした機能を遂行するための単なる機関であって、「シヴィル・ソサイァティ」の単なる「代理人（the agent）」であり、「主たる行為者（the principal）」は「シヴィル・ソサイァティ」であると述べています。彼の議論の主眼は、あくまでも神の創った「シヴィル・ソサイァティ」とそのメンバーたる個人との関係なのです。

このようにウェイランドの議論を詳しく見ると、福沢の議論と字面は似ていますが、言わんとすることはかなり違うことがわかります。福沢は「シヴィル・ソサイァティ」についての神に関する説明を完全に無視しながらウェイランドの議論を拝借し、国家における法の重要性の議論にしてしまったのだといえましょう。またウェイランドは、あくまでも「シヴィル・ソサイァティ」とそのメンバーである個人との関係に注目しますが、福沢の議論では政府と人民との関係が扱われています。政府が国民の名代であり、国民が政府と約束するという考え方は、すでに『西洋事情初編』の「政治」の項や、『学問のすすめ』「二編」にも「元来人民と政府との間柄は、もと同一体にてその職分を区別し、政府は人民の名代となりて法を施し、人民は必ずこの法を守るべしと、固く約束したるものなり」と書かれており、福沢の中にすでにあった考え方だったと思われます。また、福沢が政府と人民との関係の安定化について前から憂慮していたことは、述べたとおりです。

そして「七編」では「六編」の議論を敷衍して、国民が被支配者として果たすべき役割、また支配者として果たすべき役割が、「客」の身分と「主人」の身分として論じられます。この部分は、『修身論』では「シヴィル・ソサイァティ」に関する説明の最後に書かれる「市民としての義務（The Duties of Citizens）」の記述に拠《よ》っています。そこでは、「シヴィル・ソサイァティ」が国家として法を一元的に執行し個々人を保護する場合、そこに生きる人々は、個人としての義務と「シヴィル・ソサイァティ」の一員としての義務の両方を果たさなければいけないと述べられます。これは、福沢が「客の身分」と「主人の身分」として書いた部分にあたります。

　しかしウェイランドがあくまでも神の創った「シヴィル・ソサイァティ」を神の法に従って運営し保持していくためにこうしたことが必要だと論じたのに対し、福沢は、人々に国家を自分のものだと認識し自分たちで運営することが必要だと説くために論じているのです。これは、「三編」において、人民が「主客の二様に分れ」主人たる智者だけが国家の支配に携わりながら、その他の人民は客の身分として主人に依りすがっている状況を批判していた議論につながっていると考えられるでしょう。

　そして福沢は、国家を自分たちのものであると説くために、「七編」で「国中の人民申し合せて一国と名づくる会社を結び、社の法を立ててこれを施し行う」と書いて、国家の設立を会社の設立同様、人々の合意にもとづくものとして説明しました。これはウェイランドが会社について論じた「単純社会」の議論から取ったと思われます。

国家を会社のように「人民の申し合わせ」で作るという説明に加えて、国民が「主客」「二様の役割」を勤めると論じたことから、福沢がここで社会契約について論じていると解釈されることがあります。しかしここでの議論を社会契約とみなすのは、これまで論じたウェイランドの議論から見ても、社会契約論そのものの構成からいっても無理があると思われます。

前述したように、ウェイランドは会社の設立を「人間の意志」により作ることができる「単純社会」の中で論じ、国家を「神の意志」にもとづく「シヴィル・ソサイァティ」の中で論じました。会社と国家という組織の成立根拠について、「人間の意志」と「神の意志」という重要な違いがあるので、キリスト者であるウェイランドがそれを混同することはありませんでした。しかし福沢は、国家も会社と同じように自分たちで自分たちのために作ったのだから、自分たちで運営を担うべきなのだと主張するために、会社設立の例を引いて論じたのでしょう。

また会社を設立するような通常の契約と異なり、国家を設立する「社会契約」は次のような特徴を持ちます。社会契約論は、そもそも人間にとり国家はどのような意味を持つのかを考えるために提出されました。国家は普通の団体と異なり、人間の生死を左右することのできる国家権力を有する組織体です。なぜ人間はこのような強制力の下で生活することを選択するのか。それを明らかにするために、社会契約論ではそのような強制力が存在せず、人間が自由である「自然状態」という道具立てが考えられ、そこから契約による国家への移行が考察されたのです。ですから社会契約論の議論には、「自然状態」と権力の問題の考察が必然となります。しかし福沢はこれらに言及していません。

福沢が国民の二重の役目について論じたのも、国家を自分たちのものとして考えるよう人々に理解してもらうためだったと考えるべきでしょう。国家において国民が治者と被治者の二重の役目を果たすというのは、どのような形で国家が成立したとしても、国家が共和制という統治形態を採った場合の国民のあり方だといえるのです。

その後福沢は、「客」の身分としては、他人の権義を妨げないことや法を守ることが重要であると述べます。さらに政府は人民の名代だから、人民は「主人」の身分も果たすことになる。これは会社にたとえれば支配人のような役割だと説明されます。こうして政府は人民の委任を引き受け、人民の権利を保証し、法を厳正に運用することが仕事なのだと説明されるのです。それゆえ人民はその費用を負担する必要があると書かれます。このあたりもウェイランドの議論に拠っています。

そして政府と人民が対等な関係で職務を果たすべきことが述べられます。政府と人民の関係が対等なものになるためには、法を媒介させることが大変重要でした。なぜなら、法により政府の横暴を縛ることができるし、人民は法を守ることで相互に行動の自由が保証されるからです。法による統治を理解しないと、むやみに上位の者にへつらうことにもなるでしょう。福沢は、国民が法を守って、問題がある場合には法的手続きを踏んで反対を表明すること、また政府は人民の権義を保証して法により統治し、恣意的な支配を行なわないことを繰り返し説きました。

このように福沢は、あくまでも神の創った社会について論じるウェイランドの議論をたくみに応用しながら、当時の日本における政府と人民の関係における法の重要性を主張し、人々が国家について真剣に考えるように説得しようとしたのです。

その上で福沢は、政府が暴政を行なったときの抵抗の方法に関してウェイランドの議論をそのまま引用し、「節を屈して政府に従う」「力をもって政府に敵対する」「正理を守りて身を棄《す》つる」の三策のうち、ウェイランド同様三番目を勧めます。すなわち前から述べているように、福沢が当時必要だと考えていたのは、政府と人民が法に従い、力のバランスの取れた状態を実現することでした。そしてブラックストンの翻訳のところで述べたように、そのために反乱は避けるべきだと考えていたのです。

それに続けて福沢は、古来日本で討死や切腹をして「忠臣義士」と呼ばれる人々の死を、主人の使いに出て金をなくし、首をくって死んだ権助の死と同列に扱い、「今」の文明から見ると世のためになったとはいえないと批判し、これが大きな非難を浴びました。本書ではこの議論を、後の『文明論之概略』につながる文明の視点により論じられている点において、注目しておきたいと思います。

この後福沢は、「我心をもって他人の身を制すべからず」と題された「八編」で、再び行動の自由の主張を行ないます。ここは本文にウェイランドから採ったということが書かれているのですが、内容そのものは、それほどウェイランドに依拠してはいません。キリスト教的な人間観が示された後「相互性の法」を確認し、江戸時代の抑圧的な人間関係を批判します。さらにそうした関係を正当化してきた「名分論」を槍玉《やりだま》にあげるのです。

この文脈で男女関係における抑圧が批判されます。ここではウェイランドの「相互性」に関する議論における男女関係と結婚に関する部分からいくつかの議論が引かれています。しかし、神の制度である結婚関係に関する道徳という文脈で一夫一婦制の重要性を説き妾《めかけ》を批判するウェイランドとは異なり、福沢は平等な人間関係という意味で論じている点に注意すべきでしょう。福沢は、男女関係に関して後に詳しく論じることになりますが、それはキリスト教にもとづく西洋の男女関係論とは考えがまったく異なるのです。この点については、後述します。

福沢がウェイランドの議論を引用するのは「八編」までで、「九編」からはまったく異なる論旨が展開されます。それは彼が「文明史」にもとづく社会構想を考えるようになったからだと思われます。「六編」が刊行された明治七（一八七四）年二月頃の書簡で福沢は、翻訳をやめしばらく勉強するつもりであることを述べており、その頃から後の『文明論之概略』に結実する「文明論プラン」とするメモを書き始めています。こうして福沢は、個人の自由や権利に注目したこれまでの議論から離れ、文明史にもとづく社会を構想していくことになるのです。

五、『文明論之概略』——文明と「一国の独立」

文明史と「文明の精神」

この時期に至るまでに福沢が翻訳し、また執筆の参考にしたのは、西洋のいわば初学者向けのテキスト類でした。しかし福沢は、この頃それとは異なる西洋書の一群に出会い、それらを学んだ上で『文明論之概略』を著しました。これらの書物に福沢がどのように出会ったかに関して、松沢弘陽《ひろあき》氏は『近代日本の形成と西洋経験』所収の「文明論における『始造』と『独立』」という論考において、明治六年にアメリカから帰国した森有礼《ありのり》が収集し持ち帰った書物を見て、西洋の本格的な学問と「大著」の世界を知って衝撃を受けたためではないかと想像しています。こうして福沢は、ギゾーの『ヨーロッパ文明史』、バックルの『英国文明史』、J・S・ミルの『自由論』や『代議政論』などを熱心に学ぶことになりました。

福沢は、明治七年のはじめにこれらを読み始めてから約一年後の明治八年四月頃に、『文明論之概略』を書き上げました。そのころ書いた書簡には、自らのそれまでの学習が、洋書についても和漢の書についても狭いものだったので、これを書くにあたっては、原書を読んでは筆を執り、また読むという形で執筆したと述べています。さらに『文明論之概略』の「緒言」では、さまざまな人に意見を求めながら書き進めたとも述べています。

福沢は『学問のすすめ』の中で、新しい社会においてはすべての人が「実学を学ぶ」ことで独立することが必要だと主張しました。そして、そうした個々人の独立を確保することで日本の独立を守ることを訴えました。『文明論之概略』では、議論の対象を国家にまで拡げ、当時の日本が独立を確保するために文明をめざすべきだという、日本の進むべき方向についての処方箋を示したといえましょう。その意図は全体を通して一貫しており、文明史という概念を使いながら、全体が日本の独立という目的を示すように構成されています。

慎重な検討をさまざまに加えながら書き進めた『文明論之概略』で福沢が特に注意を払ったのは、日本を文明化するにあたって西洋文明をそのまま模倣することの問題性でした。この問題は、洋学派知識人に対する批判がその背景にあったと考えられます。明治になって近代文明を取り入れようとするとき、最もわかりやすく確実な方法は、すでに文明化している西洋のやり方を模倣することでした。そして、そのようにして日本の文明化を進めようとする人々がいました。彼らは西洋に行き、西洋社会のあり方に感銘を受けることで、それと同じやり方を日本でも実行することを主張したのです。

松沢弘陽氏は先ほどあげた論考の中で、そうした人々の例をあげています。それによれば、最も極端だったのが森有礼でしょう。彼は、人間の思考の基礎をなす言語についても、日本語を棄てて英語を国語にするべきだと主張しました。「文字は観念の符号」と述べて思想と言語の関連を重視し、翻訳や著作、そして演説などにおいて日本語をいかに駆使するかを考えながら、日本語の可能性を追求していた福沢にとっては、受け入れがたい主張だったでしょう。西周《にしあまね》は、「アジア的専制と停滞」という西洋人の見方に倣《なら》って、日本の政府と人民を変えることの難しさを考え、そこから民選議院設立は時期尚早であろうと主張しました。また津田真道《まみち》や中村敬宇などは、文明化を進めるためにキリスト教による教化を導入することを提唱したのです。

慶應義塾では語学の教師としてキリスト教の宣教師を雇い、授業の時間外には学生に対して布教することを認めていましたが、福沢はキリスト教を宗教として導入することには否定的でした。少し後のことになりますが、福沢は明治一三年にキリスト教に改宗した士族が寺の共同墓地に妻をキリスト教の方式で埋葬し、仏教徒の村人と紛争になった「三河国明大寺村《みようだいじむら》天主教徒自葬事件」で、仏教徒側を支援しました。そのとき福沢は、宗教は人間の精神を支配する政府（メンタルガバーメント）であり、外国の宗教が日本のメンタルガバーメントを破壊するのは、政府（フィジカルガバーメント）に対する攻撃同様黙視できないと述べたといわれています。彼がキリスト教の導入を容認したのは、それが日本の西洋化に必要だと考えるようになった明治一七年になってからでした。

洋学派知識人のように西洋を模倣すべきだという主張は、文明の進み方を理解するに際して、西洋文明を最上のものとする西洋人の見解をそのまま受け入れることにつながります。そして、このような西洋の模倣が西洋文明の外形だけを取り入れることにつながることも、福沢は問題だと考えました。こうして福沢は、ギゾーなどに学びながら、西洋的視点から見ただけではない文明の見方を追求したのです。このような点をおさえた上で、『文明論之概略』の内容について見ていきましょう。

まず福沢は、「議論の本位を定る事」と題する第一章において、議論をするときには、何のために論じるのかを明確にするべきであると書いた後、第二章において、「西洋の文明を目的とする事」について検討します。福沢ははじめに、当時受け入れられていた文明の発達段階に関する理解を批判します。それは、西洋を最上の文明国として、アジア諸国を半開の状態とし、アフリカなどを野蛮の国とする見解であり、西洋ではそれが普遍的な解釈なのだと考えられていました。そしてそのような文明観を学んだ後発の国々でも、その見解を受け入れて自己を規定するという状態があったのです。それに対し福沢は、そのような規定は「今」の世界における相対的な基準であり、文明が進展すれば変化し得ると主張します。しかしそれでもヨーロッパの文明が現在のところ最高段階にあるので、それを目的とすべきであると論じたのです。

その上で、西洋の文明を模倣する際には、外形ではなく、「文明の精神」を取り入れるべきだと主張しました。これは外形の文明よりも取り入れるのが難しいけれど、こうすることによってのみ、文明化が確実なものとなるというのです。その方法は、「人生の天然に従い、害を除き故障を去り、自ら人民一般の智徳を発生せしめ、自らその意見を高尚の域に進ましむるにあるのみ」というものです。

ここで福沢は「文明の精神」を「一国人民の気風」と言い換えていますが、それが何を意味するのかはっきりしません。しかし全体の論調から判断すると、おそらく福沢は、文明社会における人間のあり方、つまり行動の仕方や生き方がどのようなものであるかを指して「文明の精神」と言っているように思われます。そしてこの「文明の精神」を体現した人間のあり方について分析を進めていくのです。

「文明の本旨」

第二章まではいわば前置きのような内容で、文明に関する具体的な分析は第三章から始まります。「文明の本旨を論ず」と題された第三章では、フランスの政治家であり歴史家であったフランソワ・ギゾー（一七八七～一八七四年）の『ヨーロッパ文明史（*General History of Civilization in Europe*）』を主として参照しながら、文明とはそもそもどのようなことを意味するのかについて説明しました。この本は、ギゾーがソルボンヌ大学で行なった講義にもとづいていますが、福沢はその英訳本を手に入れ読んだことがわかっています。第三章で参照されているのは、『ヨーロッパ文明史』の第一講の中の文明についての定義が書かれた部分です。

ギゾーは、ヨーロッパ文明の歴史を講義するにあたって、まず「文明とは何か」について説明します。彼によれば、文明とは進歩や発達の契機を含むものであって、これこそ「文明」という言葉に含まれる基本的な概念であると言います。それは、文化的な生活が完成し、社会すなわち人間同士の関係が発展すること（the development of society, ... of the relations of men among themselves）を意味すると説明されます。またそれは、社会の強さや幸福を提供する手段を増加させ、それと同時に、そのようにして生み出された強さや幸福を、個人に対して均等に分配することを可能にするのだというのです。

ギゾーは、このような社会的進歩は、また、個々の人間の能力の発展ももたらすと言います。すなわち、「知的な（intellectual）」そして「道徳的な（moral）」能力を持つ人間の、内面における発達が促されるというのです。こうして文学や科学、そして芸術などが発展していきます。

このようにギゾーは、文明の発達には、個人の発達と社会すなわち人間関係の発展というふたつの側面があり、それは互いに影響を与えながら進むのだと述べています。なぜ個人の発達が社会に影響を与えるかといえば、人間は、自分の内面においてさまざまな点について発展を遂げると、その発達の内容についてほかの人に伝えたくなり、自分の考えを発表したくなるからなのです。こうして偉大な人の考えが多くの人に影響を与えるようになるとギゾーは書いています。しかし彼は、自分の講義においては社会的な発展のみを扱うとして、ヨーロッパの歴史の具体的な分析へと進んでいきます。

福沢は、このようにギゾーによって示された文明史の大きな枠組みを学び、自分の社会構想を練り上げていきました。中でも彼に影響を与えたのは、ギゾーが、文明の発達には「知性」と「徳性」を内面に持つ人間個人の発達と、人間関係における発展というふたつの側面があり、そのふたつが個人を結節点としてつながっていると説明したことです。この説明は、福沢が儒学に学んだ「三綱領八条目」にもとづく社会の構想と響きあったと思われます。

すでに説明したように、儒学では、それぞれの人間はもともと持っている善なる性を覚醒させることをめざして学ぶことが求められました。これが「三綱領」の中の「明徳を明らかにする」という行為にあたります。そしてその具体的な方法が「八条目」の中の「格物・致知・誠意・正心」になります。『中津留別の書』のところで説明したように、福沢は、「八条目」のこの部分のうち、「格物致知」を「智」という概念に、また「誠意正心」を「徳」という概念に置き換えることにより、道徳的に身を修めて「修身」に至るとする儒学の思想を、「一身の独立」という思想に変えました。

ギゾーが文明発達のひとつの側面としてあげた、「知性」と「徳性」を内面に持つ人間個人の発達という説明は、このように福沢が抱いていた、人間が「智徳」を発達させることで自分の独立に至るという社会構想と響きあったと思われます。こうして福沢は、文明発達のひとつの軸として「人の智徳の進歩」をあげたのです。

また福沢は、「三綱領」において、「明徳を明らかにした」個人が他者に影響を拡げていく過程について表現された「民を新たにする」という思想を、「一身の独立」を果たした人間が家族の独立、さらに国家の独立や天下の独立へと影響を拡げるという構想に転換しましたが、それは「個人の発達」が「人間関係における発展」に影響を与えるというギゾーの議論に重なりました。それゆえ福沢は、文明のもうひとつの軸として「人間《じんかん》交際の次第に改りて良き方に赴《おもむ》く有様」すなわち〈人間交際の改良〉として規定したのです。福沢が「三綱領八条目」に学んでから『文明論之概略』に至る思想の推移を表にすると、以下のようになるでしょう。

		個人のあり方		人間関係
「三綱領八条目」	＝	明徳を明らかにする	→	民を新たにする
↓		↓		↓
福沢	＝	智徳を修める	→	独立の領域の拡大
↓		↓		↓
ギゾー	＝	個人の知的道徳的能力の発達	→	人間同士の関係の発展
↓		↓		↓
『文明論之概略』	＝	「人の智徳の進歩」	→	〈人間交際の改良〉

そして個人の発達は、個人がコミュニケーションを拡げることでほかの人間関係の発展に影響を与え、ふたつのプロセスが結びつくことになるのです。

ギゾーが、個々の人間について「知性」と「徳性」を持つと述べるとき、それらの能力は神によって与えられたことを前提としていたでしょうから、そのふたつの資質は常に並んで書かれるだけで特別の説明はなく、当たり前のこととして論じられていました。しかし「智徳」という概念こそが福沢の社会構想の基点であり、また文明化における基軸となるものでした。これは儒学から学んだものでしたが、ギゾーの議論でも人間が「知性」と「徳性」を持つと書かれていることを知って、福沢は、自分の構想が正しい方向を示していることを確認したことでしょう。こうして福沢は、第六章と第七章において「智」と「徳」のあり方について詳しく論じることになります。

その前に書かれる第四章と第五章では、文明とは「智徳の発達」だとした福沢が、その「智徳の発達」をどのように見極めるかについて書いています。彼は文明を取り入れる上で重要な「文明の精神」とは「一国人民の気風」だと述べていましたが、ここではそれを敷衍して、まず「智徳」の発達は国民全体について見なければいけないと述べます。その上で、特に「智力」が重要であり、それをどのように結びつけるかも注意しなければならないと説いているのです。

「智」と「徳」についての分析

第六章と第七章は、福沢が儒学の思想を転換する中で使うようになった「智」と「徳」という概念についての分析になります。これらはギゾーの思想とも響きあうものでしたが、福沢はここで「智」と「徳」に関する独自の思想を詳しく展開することになりました。

第六章「智徳の弁」において福沢は、「智徳」を「智（インテレクト）」と「徳（モラル）」に分け、それぞれの内容と相互の関係について論じています。ここで「智」「徳」それぞれに英語が添えられていることからも、ギゾーの影響が見て取れるでしょう。ここで福沢は、「私」と「公」という分類を導入し、「智」と「徳」をそれぞれ「私智」「公智」「私徳」「公徳」に分けます。これらの概念の説明も、ほとんどが儒学の語彙を使ってなされています。

福沢は、「一心の内に属するもの」を「私徳」、「物の理を究めてこれに応ずるの働」を「私智」と呼んでおり、ここから「私」とは人間個人に関わる働きを意味することがわかります。また、「人間の交際上に見《あら》わるる所の働」を「公徳」、「人事の軽重大小を分別し」それについて判断することを「公智」と呼んでいるところからわかるように、人間関係に関わる働きを「公」と呼んだのです。こうした点から見て、ここで使われた「私」と「公」の区別は、「三綱領」を参考にしたと思われます。つまり「私」は一身に関わる「明徳を明らかにする」と重なり、「公」は人間関係に関わる「民を新たにする」に対応すると考えられるのです。

なぜこのような分類を福沢が行なったかといえば、日本では「徳義」とは「受身の私徳」つまり上から守るよう強制される道徳のことだと理解する状況があり、それに対し福沢は、「智」の重要性を主張する必要があったからです。彼は、「智」「徳」両方を備えてこそ「十全の人類」といえるのだが、これまで日本では「智恵」のことがなおざりにされてきたと言います。そして、単に悪人になることを避けるという「受身の私徳」を身につけるよう教えるだけでは、「万物の霊たる人類をして、僅《わず》かにこの人非人の不徳を免かれしめんことを勉《つと》め」るようにするだけである。そのように悪人にならないよう努めるだけでは「人生天稟の智力を退縮せしむる」ことになり、結局人を抑圧して、天然に持っている能力の発揮を妨げることになるのだと批判します。

その上で福沢は、「智恵」と「私徳」を比較することで、当時の日本に「智恵」が必要であることを執拗《しつよう》に論じました。このあたりの議論は、バックルの『英国文明史(*History of Civilization in England*)』を参考にしていると思われます。福沢は、人間には「智」と「徳」の両者が必要だと考えていましたが、『文明論之概略』においては、一貫して「智」の追求を主張しています。「徳の分量はたとい我国に不足することあるも、焦眉の急須にあらざること明《あきらか》なり」「方今我邦《わがほう》至急の求《もとめ》は智恵にあらずして何ぞや」などと述べ、「(受身の)私徳」と「智」の影響を比較して、当時の日本における「智」の重要性を論じたのでした。

続く第七章で福沢は、物事の得失を考えるには、時と場所を考える必要があるとして、「智」「徳」が行なわれるべき時と場所について検討します。そして、その前提として、「智」「徳」が歴史的にどのように発達していくかを解説します。ここで論じられる「智」「徳」の発達プロセスこそ、人間の「智徳」の発達にもとづく社会構想を追究してきた福沢の思想のひとつの到達点だったといえるでしょう。福沢の考える人間の「智徳」の発達プロセスは、以下のようなものです。

福沢はそのプロセスを、「智」の発達に注目しながら説明しています。まず野蛮の時代には、「智力」が未発達である人間は、自分の周りにある自然界の事象を道理により理解できず、ただ恐れるだけです。社会的な事象についても、ほかの人間による抑圧的な支配を道理により拒否することができず、他者の指示に従って行動することになります。つまり自分の行動を規制する規範は、自己の外側から他者により与えられたものなのです。これが「受身の私徳」です。

時代が進むと、人々は徐々に「智恵」を獲得していきます。そして、物事に対して「疑の心」を持つようになります。自然界の事象に対しても、その原因を求め、自ら対処法を考えるようになっていきます。このように「智力」を獲得した人間は、自然界だけでなく社会関係においても合理的な判断ができるようになります。そして他者に依存せず、自分の行動について、自分で判断できるようになるのです。

このように福沢は、文明の進展を、人間が他者の指示により行動する他律的状態から、合理的思考を獲得することで、「智恵」を使って自分で判断できる自律的な状態になるプロセスとして考察しました。これにより人間は、自分の行動を自分でコントロールすることができるようになります。すなわち「自らその身を支配」します。このような人間は、自ら立派に行動できるようになることから、「徳」を獲得したといえるでしょう。これは自分ひとりに関わる「徳」ですから、「私徳」というべきですが、それは他者から行動規範を押しつけられ、それに従う「受身の私徳」とは異なり、自ら考えて行動する内発的な「徳」なのです。儒学では、すべての人が「善なる性」を持っており、それを発揮させることをめざして学ぶとされたのですが、福沢も人間が「智徳」を発達させていくもとになる「本心」というものを内側に持っていると考えていました（「本心」とは『学校之説』のところで触れた「霊心」から採られた概念だと考えられますが、後に詳しく説明します）。それゆえ人間の「徳」の発達は内発的なものであるべきだと考えており、ここでもそのような思想が現れています。こうして人間は、「智」を獲得することで「徳」も身につけ、独立することになります。このような人間は他者に頼る必要がありませんから、自由であることになるでしょう。

このように福沢は、文明の発達を、「受身の私徳」に従っていた人間が「智」を媒介として自律的な「徳」を身につけ、独立して自由を獲得する自己変革のプロセスとして描きました。西洋の思想を学ぶ前から儒学を参考に考えてきた、「万物の霊」としての人間が「智徳」を発達させることで独立するという社会構想が、歴史的視点を導入することで初めて具体的なプロセスとして叙述されたのです。「八条目」をもとにした福沢の思想では、人間が「智徳」を獲得するためにはある程度の時間がかかり、また、それを家族や国家に及ぼすためにも時間的な経過が必要となります。それを歴史という概念が解決したのです。こうして福沢は、道徳的真理を究めることを意味した「格物致知」を科学的「智」に変えることで、聖人になる道程を示した「八条目」を人間の独立のためのプロセスに転回させた『学問のすすめ』における議論をさらに精緻なものとし、長く続く道筋として示しました。

福沢は、このように独立し自らの自由を獲得した人間に対し、政府が「徳」による支配を及ぼすことは有効ではない。すなわち「今の世界の有様」においては、「智恵」が必要だというのです。これが第七章の題である「智徳の行わるべき時代」の意味するところです。この「今」という限定は、『文明論之概略』を通じて貫かれています。福沢はこの書で、あくまでも当時の日本が進むべき方向について論じたのです。

「文明の太平」

このように文明について当時の日本に必要な範囲で論じていても、福沢は文明が人間の「智徳」の進展に従ってさらに進むものだと考えており、最終的にすべての人が「智徳」を修めた究極の状態に至ることを想像していました。それが「文明の太平」という状態です。このような文明の究極状態が存在するという考え方は、晩年の著作で詳しく述べられていますので後ほど説明することにしますが、ここで触れておくべきは、西洋の文明史観との違いです。西洋の文明史観では、歴史は発展しながら無限に進んでいくと考えられていました。それに対し福沢は、文明の到達点として究極の文明の実現した理想状態を想定したのです。

「文明の太平」ではすべての人々の「智徳」が最高段階に達していますから、人々が完璧な人格を備えています。そのため、あらゆる争いや戦争がなくなり、悪事を働く人もいなくなるので、法律も不要になるというのです。人間同士の礼儀も正しくなって、あたかも全国が家族のようになると言います。

この「文明の太平」という概念も、儒学のテキストである『礼記』の「礼運第九」に書かれる儒学の理想の世としての「大同の世」から想を得たのではないかと考えられます。儒学の思想においては、学んで「徳」を修め、天の「理」を体現した聖人が、他者を導き「徳」を修めるよう教えることにより、「太平の世」が実現するとされます。しかし福沢は、すべての人が学ぶことで、「智徳」を修めた人間となって独立するよう呼びかけていました。それゆえ彼の言う「文明の太平」は、聖人が人々を導くことによって実現する「太平」ではなく、すべての人が自ら「智徳」を修めて独立し、自由を獲得することで実現する理想社会なのです。

しかし福沢は、このような理想社会を想像しながらも、こうした状態は「今より幾千万年を経」た後でなければ実現しないだろうとして、「今」必要な「智」の追求に論点を戻し、次に「智徳の行わるべき場所」について論じます。そして、「今日の文明」において「徳義」による交際が成立するのは、家族においてだけだと述べるのです。これを福沢は、「徳義」と「情愛」との関係により論じます。

家族関係は基本的に心の中から発する「情」によるつながりで、外側から人間を規制する「規則」や約束などを用いることがない。それゆえその関係をよくするためには心の中から発する「徳義」が役に立つ。しかし、そこから関係が遠くなればなるほど「情合（愛）」は薄くなり、「規則」にもとづく関係になっていく。「規則」は無情であるが、それによって世の中が治まるのであるから「今の世界の至善」といえるのだと、福沢は述べます。つまり、当時の社会状況では、家族の中だけは心の内から発した「徳義」による関係が有効ですが、それ以外の社会領域では、合理的客観的なルールとしての「規則」つまり外部から人間の行為を縛る規範(国家でいえば法)が有効なのだと論じたのです。それゆえ家族外の社会領域において、「徳」を強制すべきではない。日本という国家の独立をめざすためには、合理的な思考を進めなければならないのだと主張したのです。こうして福沢は、あくまでも「智」の必要性を強調しながら、「智徳」に関する議論を終えます。

自由と「権力の偏重」

続いて福沢は、第八章と第九章において、西洋社会の文明の歴史と日本社会の文明の歴史を詳しく分析します。『西洋事情初編』の「小引」の説明において触れたように、福沢は、西洋諸国を理解するためには歴史を知ることが重要だと述べていました。そこで彼はさまざまな項目について分析していましたが、文明史という概念を学ぶことで、西洋社会の全体を文明という観点から分析するという手法が取れるようになったのです。それにより西洋の社会における「文明の精神」つまり人々の生き方について探究し、日本との違いを明らかにしようとしました。

それによると、西洋文明の特徴は、「人間の交際」においてさまざまな説が並存し、それぞれ主張すべきを主張して争うことが許容されているという点でした。このような自由が存在することで、その中から徐々にまとまってひとつになるという状況が生まれるのだと福沢は理解します。それに対して日本の社会には、「権力の偏重」という状態が存在し、それが「人間交際」のすべての領域に浸《し》み込んでいるというのです。

「権力の偏重」とは、人間同士の関係において一方が他方より大きな権力を持ち、それにより他方に対して命令し抑圧するような関係のことです。このようになると、抑圧された人は、今度は自分が少しでも持つ権力を使って、さらに下の人に対し命令し抑圧するようになり、「権力の偏重」による抑圧が再生産されていきます。これを福沢は「強圧抑制の循環」と呼びました。こうして社会全体に「権力の偏重」が蔓延《まんえん》し、それが「人民の気風」となっていると福沢は言います。

そもそも日本では、政府において人民を治める「治者」と治められる「被治者」という区別が生じて以来、それが日本の文明の二元素とも言うべきものになってしまっている。こうして宗教や学問、工業などすべての領域が政府に「籠絡《ろうらく》」されて、治者と被治者との間に高い壁ができたような状態になっているというのです。福沢は、このように人々が分断された状態では、

「日本は古来いまだ国を成さず」つまり「国」というまとまりができているとは言えないと述べます。福沢は、このような「権力の偏重」を生んださまざまな要素を述べる中で、たとえば自由を求めた西洋のプロテスタントに対し、「人間の交際に停滞不流の元素」を入れた儒学を批判し、「不羈独立の風」を持っていた「日耳曼（ゼルマン）」の民族に対し、日本の「武人」が「独一個人の気象（インヂヴィヂュアリチ）」を持たず、唯々諾々として権力に従う様子を比較しています。

これが徳川時代まで続いてきたのです。福沢は、「徳川の治世」において「日本国中幾千万の人類は、各《おのおの》幾千万個の箱の中に閉《とざ》され」たような状態が長く続くことで、自らの「運動力を欠《かき》て停滞不流の極」に沈んでしまい、能動的に何かをしようとすることがなくなってしまったと言います。こうして権力を使って命令する「治者」とそれに従う「被治者」の分断が続くことになりました。

「文明の精神」を「人民の気風」だと論じた福沢からすると、このような日本の「人民の気風」は、彼が文明により実現すると考える独立や自由とはかけ離れた状態であり、危惧すべきものでした。それゆえ福沢は、権力を握るかどうかを分ける富強と貧弱は、天然に決まっているのではなく人の「智力」によるのであるから、それにより独立するようにと、ここでも主張しています。その上で第十章の議論に移っていきます。

国の独立を目的とすること

ここまで福沢の思想を検討し、その上で『文明論之概略』の論旨を追ってきた流れからいえば、最後は国の独立をめざすために、人々に独立と自由を追求するよう促すという結論になるのではと思いますが、福沢は第十章での議論を別の方向へと転じます。つまり、これまで人々の「智徳」を進め、独立を促すことで文明をめざすという方向で議論が進んできたのに対し、ここでは「国」に焦点を絞って、その独立を目的とするという方向に転換するのです。それについて福沢はどのように論じたのでしょうか。

まず福沢は前ふたつの章を受けて、西洋と日本の文明を比較してみると、日本の文明は西洋より遅れていると言わざるを得ないと認めます。そうであれば、進んだ西洋により遅れた日本が制せられる可能性があると言います。そのとき注意すべきは、これらが「国」を単位として行なわれるという点です。ここから単に西洋人に圧倒されるというのではなく、日本という国の独立が危うくなるという可能性に焦点が絞られていきます。こうして福沢は、「自国の独立」という問題を前面に押し出すことになりました。そして、今まで論じてきた文明についての議論はさまざまな条件を考慮に入れない場合の話で、「今」の日本の文明を考えてみれば、独立の問題を心配しなければいけない段階にいるのだと主張します。それゆえ第十章では「自国の独立」について論じるが、それは、「今」の人民の精神がその段階にあるからである。これは文明について考察を究めることとはかけ離れるが、そのことは他日後進の学者に任せようと述べて、日本の独立について論じていきます。

ここで論じられる内容は、第九章で論じられた「権力の偏重」の議論とつながっています。つまり、そこで強調されていたのは、政府にさまざまな活動の権力が集中して、人民が自由な活動を行なうことがなくなっているような状態こそ、日本における「権力の偏重」という「人民の気風」の中心的問題であるということでした。そのような社会においては、さまざまな人間同士のつながりの中に、「君臣の義」「先祖の由緒」「上下の名分」などという風俗習慣があり、人間交際が行なわれていました。明治以降こうした考えは消えたのだけれど、それが次の段階に進むという形にはなっていないと福沢は言います。そうした縛りがなくなった後人々は、「重荷を卸《おろ》して正《まさ》に休息する」という状況で、「人の品行は銭を以《もっ》て相場を立てたるものの如し」という状態になっているのです。

福沢はこれに対し、今はそのように休んでいる場合ではなく、「外国交際」という大きな問題があるのだと言います。西洋諸国と交際するようになって、経済活動においても人間関係においても、西洋人の傍若無人な有様に日本人は圧倒されるようになっている。国内において人民同権の説を唱える人も、外国との関係においてそれを主張することができないでいるのだ。「今の外人」が狡猾《こうかつ》で気性の荒いことは、昔の公家や幕吏以上で、「その智以て人を欺くべし、その弁以て人を誣《し》ゆべし、争うに勇あり、闘うに力あり」という状況なので、このような「外人」の制御を受けるようになれば、大変なことになるというのが福沢の主張です。そして、インドをその例としてあげています。

その上で福沢は、このような外国交際の問題は、「至困至難の大事件」であるが、これは日本の人民全体に関わることなので、人民全体で解決しなければならないのだと強調します。現在の文明の進み方を見て、これを進歩と喜ぶ人がいるが、これは外形の体裁だけで、人民に独立心がなければ日本の文明とはいえない。ある国の独立、文明というのは、「その人民相集《あいあつまり》て自らその国を保護し、自らその権義と面目とを全うするものを指して名を下《くだ》す」ことであると主張するのです。

こうして外国交際が困難なことを強調した上で福沢は、現在の世界は国家単位で動いているのだから、これまでそれぞれ小さな集団の中で「君臣の義」や「先祖の由緒」「上下の名分」

「本末の差別」というような「モラル・タイ」によって品行を維持してきたものを国家単位に拡大し、「本国の義」「本国の由緒」「内外の名分」「内外の差別」に転換して、外国交際にあたるべきだと主張したのです。そして、国の独立を目的として、文明を進めるべきだと結論しました。

こうした結論は、いわば文明史の原理にそって論じてきた前章までとは違い、日本の現状をふまえた議論でした。それゆえ福沢は、最後にその点について触れています。つまり彼は、人間の智徳の極度に至れば、一国の独立について云々《うんぬん》することはないだろうが、「今」の世界の有様では、国と国との交際について考えるべきである。まず日本と日本の人民を保全して、その後に文明のことを語るべきなのであって、この議論は「今の世界の有様を察して今の日本のためを謀り、今の日本の急に応じて説き出したるものなれば、固より永遠微妙の奥蘊《おううん》にあらず」と言います。そして、「この今の字は特に意ありて用いた」ものであって、「今の我文明」という言い方は「文明の本旨」ではないという点について、学者に注意を促しています。

論じ方の特徴

こうして福沢は、第十章に至って、文明史の大きな流れにそった議論から方向を変え、「今」

の日本の現実に焦点を絞って、国家という観点から独立について論じました。このように文明史にそった理想的な社会の進展過程と現実に必要な政策論を分離したことで、これ以後福沢は、文明史という原理をふまえながら、現実に日本を文明化し、独立を確保していくための政策についてさまざまに論じていくことになります。その闘いのために福沢が持っていた武器は言葉だけでした。それゆえ特に『文明論之概略』以後の政策論において福沢は、自分の著作が読者に与える効果を考えて論じるようになり、そこから彼の議論は、いくつかの特徴を持つようになりました。

まずひとつめは、自分の論説がどのような読者層を対象にしたものかを明確にし、対象となる読者層により論じ方を変えるというやり方を取るようになりました。福沢は『文明論之概略』第十章において、現実政治の観点から国家という枠組みを何度も強調していましたが、それは、『学問のすすめ』でも論じられた政府と人民の「主客」という関係、そして第九章で論じられた「権力の偏重」による「治者」と「被治者」の分断という分析と関連していると考えられます。当時の日本では、四民平等になった後も、それまで「治者」だった士族層と「被治者」だった農工商との分断は続いていましたし、徳川時代には「治者」だった士族層もさまざまな特権を奪われることで、政府に対する不満を募らせていました。それゆえ文明化を進め国の独立を保つためには、こうした国内の分断を統合することが急務だと福沢は考えました。

しかし福沢は、国内統合を論じるにあたって、次第に「私徳」を修めたと考えられる士族層に期待するようになっていきます。明治九年に各地で士族反乱が起こると、福沢は『分権論』を書き（出版は翌年一一月）、士族の忠誠心を藩主から国家へと転換すべきであり、そのために政府は、地位を得ない士族に地方の治権を与えるべきだと論じました。その経験により彼らが国家を認識し、与えられた「天稟の愛国心」ではなく、自らの経験にもとづく「推考の愛国心」を持つことを期待したのです。翌年二月に西南戦争が起こり西郷隆盛が自刃すると、『丁《てい》丑《ちゅう》公論』を書いて、不平士族たちを国家の中に統合する政策を示せなかった政府を批判し、西郷の死を悼みました。この書は、政府を批判する内容だったために、讒謗律《ざんぼうりつ》による統制を避けるため、すぐには出版されず、最終的に明治三四年に出版されました。『丁丑公論』の少し前に書かれた『旧藩情』には、士族が「文明の魁《さきがけ》」となることを期待する心情が率直に表現されています。

他方で地租改正に反対する農民層は民権運動へと向かいました。国家統合が重要だと考える福沢は、明治一一年に彼ら「中等以下律儀なる人民」に向けて『通俗民権論』『通俗国権論』を書き、同時に出版しました。そして民権の議論に対し、国家を認識し対外的な関係までも射程に入れる必要があることを説いたのです。そこでは「俗間の人」に国家という概念を植えつけるために、外国との交際は食うか食われるかの「禽獣《きんじゅう》世界」だという極端な議論が展開されました。これ以後、時々現れる「通俗論」は、「俗間の人」に向けた議論なのです。

もうひとつ福沢の文明史の議論との関連で、これ以後の政策論における重要な特徴を指摘することができます。彼は「文明の太平」に至る文明の歴史を論じ、それに従った社会の進展を理想としましたが、現実にはそれが可能ではないことを理解し、現実に対応するべき政策を論じることになります。そのとき取られたのが、理想との距離を認識しながら現実の中では何が一番よい選択肢なのかを考えるというやり方です。つまり福沢は、文明史の過程における現在の位置を確認しながら、その時々の歴史的条件の中で重要なことを判断しようとしましたが、それは常に、それが理想ではないことを示しながら論じられたのです。

その例として、『文明論之概略』における、古い「モラル・タイ」を「文明の方便」として使いながら国家統合をめざすという議論や、明治一四年に書かれた『時事小言』における「権道」という議論があげられます。福沢は『時事小言』の冒頭で、『文明論之概略』第十章で論じたような文明史の流れをふまえた「天然の民権論」と、「今」の状況をふまえた「国権論」とを比較します。「天然の民権論」の主張するように、人類が「十全円満無欠」になった「千万年の後」に実現するような、国も政府もないような世界は「正道」だけれど、「今」は「国に政府を立てて法律を設け、民事を理して軍備を厳にし……その一切の費用を支弁する為には、国税を納め、以て国内の安寧を求むる」ことが必要である。こうした国権論は「権道（目的を果たすために取る便宜上の手段）」だけれど、自分はこの「権道」に従い「内国の安寧」をめざすと宣言したのです。

このような議論は、このほか「経世」や「大勢」「術」などという言葉で表現されて論じられましたが、こうした表現により福沢が示そうとしたのは、その背後には常に文明本来の進み方が引照されているということだったと思われます。つまり彼は、理想的な文明化の道筋と現実に可能なやり方は異なり、それがどのようにどれだけ異なるかを認識しながら、現実に可能なやり方を選択すべきだと考えていたのです。そこから福沢の厳しい政治的リアリズムが生まれたのだといえましょう。

六、「徳」論の変化——「主観の自発」か「客観の外見」か

非合理な「情」と外向きの国権論

『文明論之概略』において福沢は、個人の独立について詳しく論じたのに対し、それ以後どのように「一家独立」「一国独立」そして「天下独立」につなげていくかについては、論じていません。ただ単に「文明の進むに従て智徳も共に量を増し、私《わたくし》を拡《おしひろめ》て公《おおやけ》と為し、世間一般に公智公徳の及ぶ所を広くして、次第に太平に赴き」と論じるだけです。なぜ福沢はこのプロセスを詳しく論じなかったのでしょうか。彼の認識では、国家の独立を目的として文明化を進めるためには、個々人が「実学を学び」「智徳」を発達させて、それぞれが独立することが不可欠でした。それゆえそのプロセスについては詳しく論じたのですが、そこから広がる最初の人間関係である家族に関しては、「徳」と「情」の関係が成立していると考えました。そして国家においても、とりあえずの「モラル・タイ」が存在する。それを転用することで国家レベルの人間同士のつながりを作り出し、それにより国家統合を果たした上で、日本の文明化に必要な「智」の発達を促し、国家の独立をめざそうと考えていました。それゆえ「智」を発達させる重要性を論じ、「徳」に関しては、当面これ以上は論じる必要がないと判断したのです。

しかしそのような分析が誤っていたことが徐々に明らかになっていきます。そして福沢は明治一一年に書いた『通俗国権論二編』において当時の日本人に対する現状認識を改め、それまでの主張を変化させることになりました。日本人は福沢の期待した「智徳」のレベルにはなく、「受身の私徳」どころか、「野蛮時代」と同様の非合理な「情」によって行動するのだと悟らざるを得なかったのです。このような人々は、政府に対して不平を抱き、それにより対立が引き起こされます。そこで福沢は、そうした不平をそらすための「術」として「外国交際」を使おうとしました。外国交際という明らかな目的により、人民がさまざまな利害対立を超えて結合することをめざしたのです。

こうして現実の政策論と、人間の「智徳」のあり方から考える文明史の原理にもとづく議論を分離し、現実政策に集中しようとしていた福沢は、政策論の中に人間の「智徳」の問題を含めて論じることを余儀なくされていきます。

明治一二年に書いた『民情一新』では、非合理な「情」が一般人民を支配している状況を、文明化との関係でさらに一般化して論じました。福沢は、蒸気船や蒸気車、電信、郵便、印刷の発明は一九世紀に大きな社会的影響を持つようになった。それに対し人間の知性の発達が追いつかないことで、社会的な騒擾《そうじょう》状態が加速するのだと分析しました。さらに人民がこうした技術を利用することで、政府を攻撃しやすくなるというのです。

このように日本の人民の「智徳」の程度が、『文明論之概略』において予定されたより低いレベルにあり、国内の分断が持続する状況において福沢は、『国会論』を書いて対立を国会という制度の中に囲い込もうとし、『時事小言』において国権を重視する立場を打ち出しました。しかし福沢がさまざまな政策論において、現実に対応するための議論を展開したとしても、彼は学者として『文明論之概略』における文明史の議論を放棄したわけではありません。明治一五年には『局外窺見《きけん》』を書いて、国民の「智徳」を高尚に進めるという文明化の議論を展開しています。

福沢は明治一三年末に伊藤博文や井上馨《かおる》と会って、政府の機関新聞紙の発行を依頼され、一度は断ります。しかし国会開設の意図があることを伝えられたため、それを引き受けることにして、そのための準備を進めていました。その後明治一四年の政変によりその話がご破算となったため、それまでの準備を転用して、明治一五年に「時事新報」を創刊しました。これ以後福沢は、「時事新報」において精力的に論説を発表していきます。この時期彼の議論の中心は朝鮮論でした。福沢は、「政治的恋愛」と評されるほど朝鮮問題に深く関わることになりますが、このような現実政策の議論と同時に福沢が取り組む必要のあったのが、政府の「儒教主義」を批判することでした。

復古政策批判

『局外窺見』において福沢が再び西洋文明化への道を語ったのは、当時明治政府の政策が急速に保守化し、再び儒教的徳教の必要が唱えられるようになったからにほかなりません。維新以来、日本の文明化を推進するために、合理的精神を持った人間を作り出そうと努力してきた福沢は、ここにきて再び、彼が日本文明の停滞の原因として考えていた「儒教主義」と闘うことを余儀なくされたのです。

福沢は儒学を学び、その思想を取り入れながら自己の社会構想を形成してきたというのが本書の主張ですが、福沢が批判した「儒教主義」とは、テキストにもとづく思想的な内容を意味するのではなく、当時の儒者のあり方や儒教の教え方などを指すものでした。『文明論之概略』で福沢は、昔の聖人の教えを墨守し、変化に対応しようとしない儒教のあり方が「人間の交際に停滞不流の元素を吸入せしめた」ことを、「儒学の罪」として批判しています。また、そのような教えを人々に行動の規範として上から押しつける「受身の私徳」についても批判していました。明治政府はこうした儒教のあり方を引き継いで、それを教育により人々に上から押しつけようとしたのです。それがここで言う「儒教主義」です。福沢は人々が非合理な「情」にもとづき行動し、官民対立が引き起こされる状況に対し、政府による解決を期待しましたが、その意図に反して、政府は再び儒教にもとづき人々の私徳を規制する方向へと逆行したのです。

そこで福沢は、明治一五年九月に「極端主義」を書いて、明治維新によって転換した「極端主義」が、旧態に復そうとしていることを批判しました。文明の未発達な社会では智的程度が低く、私徳のみを重んじ、事の極端しか見ない傾向がある。それに対し明治維新において初めて極端の主義を免れ、世界各国と文明を争う実力を現したのに、「今」官民をふたつに分けて、他を排斥しようとする心の狭い状態に還《かえ》ろうとするのはなぜなのだろうかというのが彼の批判点でした。

ここで福沢は、官民対立が単なる政策的な対立ではなく、政府においてさえ、「文明の精神」が理解されていないことを自覚せざるを得なくなりました。つまり、「智」の発達にもとづく文明化を担う主体は、人民の中にも、政府においてさえ見出すことができなかったのです。それどころか維新以前の「モラル・タイ」を転用して「私徳」の基礎にすえようとした福沢の構想に対して、儒教主義からの攻勢がかけられるようになりました。こうして彼の文明化の現実戦略は、根本的な見直しを強いられることになったのです。

「私徳」論の展開

それまでの「智」にもとづく政策からの後退を余儀なくされた福沢は、再び彼自身の「徳」論にもとづき、人間が備えるべき最も基本的な要件として、一身を修めるという「私徳」の原理を説くことを開始しました。こうして明治一五年一一月に刊行された『徳育如何《いかん》』では、一身の独立がすべての行ないの基礎として再び論じられ、個々人が自分を尊いと思うことにより自分を律する規律を持つことが、「私徳」を修めることであると論じられたのです。

福沢は、維新により儒教主義から「腕前の世」に移り、道徳観が変化して混乱が生じたことは認めます。そのような状況の中で、政府は儒教的教育を復活させようとしました。それに対し福沢は『徳育如何』で、「全国人民の気風」が「開進」に赴いたのだから、徳教も変化すべきだと主張しました。その「気風」の変化とは、「相依り相依られ」という他者に依存する関係から、自主独立の路線への変化であると福沢は述べます。そして、「今日自主独立の教においては、先《ま》ず我一身を独立せしめ、我一身を重んじて、自らその身を金玉視し、以て他の関係を維持して人事の秩序を保つべし」と主張しました。こうして自分を尊いと思うことにより、自分を律することを福沢は「私徳」と呼んだのです。つまり前にも述べたように、自分の内側から自分を律する「徳」の主張です。

このように「一身既に独立すれば眼《め》を転じて他人の独立を勧め、遂《つい》に同国人と共に一国の独立を謀るも自然の順序」であると述べて、「一身独立」から「一国独立」へと連なる思想をここでも主張しています。そして最後に、儒教の教えも「自主独立」の論の中に包摂して利用すべきであると結んでいます。

しかし、合理的精神を獲得することで、一身のみを修めることから「徳」の範囲を拡大し、「一身独立」から「一国独立」へとつなげるという福沢の構想が実現不可能であることは、この時期までに明らかとなっていました。一般人民だけでなく、彼が期待した政府においても、そうした人間類型は見出されなかったのです。そこで福沢は、『徳育如何』を書いたすぐ後に「徳育余論」を著して、徳を修めるという点に関して、このような原理に対する「方便」について論じました。

福沢は、『徳育如何』で論じた「自主独立」とは「主観」のことで、自分の内側に「自ら恃《たの》む所のもの」を持たなければ、なかなか難しい。それゆえ「客観」の方向から「社会の士人」が徳義を重んじるための「方便」を捜そうとします。ここで言う「主観」とは自ら考えて行なうこと、「客観」とは他者から強制されることだと考えてよいでしょう。また、ここでめざされているのは、一般人民が徳を修めるという問題ではなく、士人が対象となった議論だということに注意すべきでしょう。ともかくリーダーたるべき士人が徳を修めることが、優先されているのです。

そのような前提を述べた上で福沢は、「下流人民」の気風としての「公議世論」を高尚にするのがよいと言います。それによって士人の行動が規制されることになるというのです。つまり自ら「主観の自発」により徳を修めることのできない士人を、周りの「下流人民」の意見という「客観の外見」により縛ろうとするのです。そして福沢は、ここでも学校における道徳教育を批判し、それに代わって古来「下流人民」に信じられてきた仏教を動員して人民を導き、そこから士人に影響を与えるのがよいだろうと論じました。

「儒教主義」批判

明治一六年にも福沢は、当時の政府の保守化に対抗してさまざまな論説を著しました。そこで福沢は、「文明の精神」の理解なしになされた西洋文明の模倣が、そのような保守化の原因であると論じました。しかしともかく西洋諸国が文明の利器を使うことで世界を制覇しようと狙っている状況において、それを避けるためには西洋文明化が必要である。たとえそれが短所を伴うことがあっても、全体として受け入れなければならないのだと主張して、西洋文明化の必要性を論じました。「今」はともかく、外形上の西洋文明化だけでも成し遂げなければならないときだと考えたのです。

そして福沢は、明治一六年一一月には「徳教之説」を書き、政府の復古傾向の誤りを論じました。彼によれば、道徳論の目的は社会の安寧にある。それが可能であれば、どのような道徳論に依拠してもかまわないというのです。しかし実はそこから導かれるのは、社会の安寧が問題なのであって、内心の心情は関係がないという主張です。福沢は、道徳論に関して、内心に立ち入ってそれを規制しようとする政府の意図に反対していたのです。

そして、古来日本の士人が道徳を高尚にしたのは、儒教の影響ではなく、封建制において「主従上下の分」を定め、秩序を作るために「忠義忠節」を掲げて人心を収攬《しゅうらん》したことによると言います。福沢は、日本の封建制は西洋とは異なっているので、日本においては、宗教ではなく「忠義」が道徳を維持するもとになってきたのだと主張します。そして、その「士人の気風」は人間交際全体にいきわたり、独立の道徳となっているのだと言うのです。

福沢は、日本は中国や朝鮮とは異なり、士人は儒書を読んでもまったく反対の思想を養い、徳川治世の間に儒者の影響はほとんどなかったと述べます。そして、「我日本の士人は常によく儒教を束縛して自家固有の精神を自由にしたる者と云うべし」と評しています。福沢は、このように日本は儒教とは関わらずに西洋文明導入の激動にも耐えてきたのに、「今日」儒教を国民道徳の標準とし、国民の精神を支配しようとするのは、事実として行なわれ得ないだけでなく、「今の開明の世」において、封建の旧士人に対して恥ずかしいことであると政府の政策を批判します。彼が勧める道徳の基礎は、あくまでも士人が養ってきた「報国尽忠」なのです。これが「社会の気風」となれば敵なしなのであって、学校教育で道徳を教えることは意味がない。西洋文明を求めるならば、西洋のことを学ぶべきなのであって、その道を狭くすべきではないとして、儒教的教育に反対を表明しています。

その上で福沢は、ここでも士人とそれ以外の人を分け、中以上の位である士人は「報国尽忠」で道徳を維持できるけれど、「下流の人民」に対しては宗教を使うことが重要であると述べています。

この時点に至るまでに、福沢が考えた文明化における現実戦略は土台を失っていました。『文明論之概略』において考えられた、日本の独立を確保するための「智」の発達にもとづく文明化という道程は、それを担うべき主体を現実に見出すことができず、放棄されざるを得ませんでした。それだけでなく、彼が維新により解体したと考えた儒教主義が、再び人々の行動を規制するものとして導入されようとしました。そこで福沢は、「私徳」を守るという地点にまで退却し、「士人の気風」を、文明の基本をなす「文明の精神」の基礎にすえることを主張し続けました。それはあくまでも、文明史の原理にもとづき日本の文明を進めるための基礎となるものでした。

しかし、こうした文明の発展を模索しながらも、他方で日本の独立を保証するための西洋文明化だけは早急に成し遂げなければならないと、福沢は考えていました。そこでこれ以後の福沢の西洋文明化の議論は、人間的な主体の議論なしに、「大勢」や「経世」にもとづいて論じられるようになるのです。

「経世」論による西洋文明化

福沢の議論における「経世」論への転換をはっきり示すのは、明治一七年四月に書かれた「経世に高尚論は無用なり」です。福沢はここで、文明化を進めるための優勝劣敗主義すなわち西洋諸国の文明化のやり方と、「徳を修め身を慎み小弱を助け愚劣を憐《あわれ》む」という理想的な徳教の主義との矛盾を述べます。その上で、文明史の原理にそって徳を修めることを進める政策は行ない得ないとし、それを「哲学者流」すなわち机上の空論として棚上げし、「経世」の観点から現実に行ない得ることを論じる立場を選択しました。彼の現状分析によれば、最も重要なのは、自国の独立を確保し、西洋と対等に伍《ご》していく国にすることでした。そのためには、何をおいても西洋文明化を成し遂げなければならなかったのです。

このように文明史の理想に関わる議論を放棄し、西洋文明化に集中するようになった福沢でしたが、この頃になると、条約改正に関わる内地雑居や治外法権という具体的な政策との関連で、これが論じられるようになりました。彼は、西洋文明化は世界の大勢であり、西洋文明は文明世界の「保護色」だと主張しました。つまり西洋世界で通用している万国公法が適用される国になるためには、欧米文明の色に染まるよりほかない。多勢に無勢なのだというのでした。「経世」の観点から見れば、世界中で最も勢力を持っている欧米文明の風向きに従い、それにより「疎斥」を免れるようにすることは、「勢《いきおい》」から考えれば仕方のないことなのだというのです。

このように条約改正という経世上の観点から見ても、西洋文明化は急務でした。今や文明史の原理と現実政策とを完全に切り離した福沢にとって、文明化のために有利であれば、西洋社会に大きな影響力を持つキリスト教を導入することも、日本を西洋文明化するためにはやむを得ないと判断されました。キリスト教は、一方で日本の文明化の観点から論じられましたが、他方で、外国との交際が開放されて内地雑居という状態が生じたときに予想される外国人の増加に備えるという意味も持っていました。そして福沢は、明治一七年六月に書いた「宗教も亦《また》西洋風に従わざるを得ず」において、外国人の道徳を保つためにも、キリスト教の布教を許可すべきだと論じたのです。

このように条約改正が具体的な問題として浮上し、外国交際が身近に迫ってくると、人々が外国人を異質の人物と見たり、恐怖したりする事態は望ましくないと福沢は考えました。それゆえここに至って福沢は、以前とまったく逆転した国際社会像を提示することになりました。彼は、明治一七年八月に書いた「条約改正直に兵力に縁なし」において、治外法権が人民の利益を害し、外交の権力を妨げることは理解されているのに、その撤廃がなされないのは、世界各国の交際が優勝劣敗の主義にもとづくと理解されているからであると述べます。その上で、国と国との交際を「禽獣の付合い」などというのは「哲学風の言」つまり現実的ではないとして、対立が武力によって解決されることはそれほどない。「万国は人類の万国にして、真に獣類の万国」ではないと述べたのです。

これは以前『通俗国権論』で示された「禽獣世界」としての各国交際という描写とはまったく反対の記述です。福沢はこのように自分の書いたものが人々に与える効果を考えながら、同じ事象を表現するにも、目的によってレトリックを使い分けました。それは、福沢自身の判断の変化に関わるのではなく、あくまでも政策的な判断を人々に浸透させるための技だったと考えるべきでしょう。そして福沢はこのような国際社会像を示した後、条約改正の要求は外交的な話合いによって解決できると論じたのです。

このように福沢の文明化戦略は、「智徳」を修めた主体を見出すことの困難さにより後退につぐ後退を強いられ、この時点までに残ったのは、とりあえずの西洋文明化だけになっていました。文明化についてはそこまで退却しながら、他方で福沢は儒教主義と闘うことをやめませんでした。福沢は、当時の清国をめぐる情勢を見ながら、それと同じ轍《てつ》を踏まないように西洋諸国に倣うべきだと主張し、「文明の精神」を理解していないという点において、清と国内の儒教主義者を重ねて批判しました。そして明治一七年一二月には「通俗道徳論」において、再び「徳」の問題を論じています。

明治一七年暮れに甲申事変が起こると、福沢の論説は朝鮮論一色に覆われました。しかし明治一八年四月に、朝鮮をめぐって日本と清の間で天津《てんしん》条約が結ばれることで、その議論は終わり、福沢は再び西洋文明化という課題に取り組むことになりました。そこで強調されたのは、殖産の重要性であり、また、風俗習慣を西洋諸国と同様にすることでした。中でも男女の関係を西洋化することは、条約改正との関係においても大きな課題だったのです。

七、男女関係論——「一家の独立」

キリスト教社会における結婚観

福沢が明治一八年から集中的に男女関係に関する著作を発表したのは、条約改正の交渉において、日本が西洋諸国並みの文明国であることを示す必要があったこと、そして、そのような西洋化の必要に反して儒教主義が台頭し、女性に対する抑圧的な政策が採られようとしたからでした。『文明論之概略』で福沢は、家族においては「徳」にもとづく関係が成立しており、その点について詳しく論じる必要がないと判断していました。しかし、その判断が変更を迫られたことは、論じてきたとおりです。そして福沢は、ここへきて男女の関係に関して論じることを余儀なくされました。

条約改正の観点から西洋人が日本を見たとき、とりわけ遅れているとみなされる可能性があったのは、男女関係のあり方でした。それゆえ福沢は明治一八年六月に「日本婦人論」を書いて、日本の男女関係をとりあえず西洋並みにすることを主張しました。福沢はこの議論をするにあたって、西洋人の結婚観を理解し、そこから彼らが日本の状況をどのように考えるかを照らしてみる必要があると考えたのでしょう。そこで福沢が参考にしたのが、『学問のすすめ』にもいくつかの論点を取り入れたウェイランドの『修身論』における家族道徳の議論だと思われます。そこでまず福沢の議論を見る前に、ウェイランドを参考にキリスト教社会の結婚関係がどのように考えられていたのかを説明することにしましょう。

ウェイランドの『修身論』では、個人の自由や財産を論じた部分に続いて、「両性の形体から生じる義務」という題で、家族関係における義務や道徳が論じられます。そして日本人としてはやや驚くことなのですが、その議論は性欲の話から始まります。なぜ家族関係における道徳の議論が性欲についての言及から始まるのかを理解するには、キリスト教世界における結婚観を知る必要があるでしょう。それは聖書の「創世記」における以下のような物語にもとづき形作られました。

神は天地とさまざまな動植物を創った後、自分に似せて人間（アダム）を創り、「エデンの園」という「楽園」に置きます。「楽園」には「生命の木」と「善悪を知る木」が生えていましたが、神はアダムに「善悪を知る木」の実を食べることを禁じます。その後神はアダムの肋《ろっ》骨《こつ》から、アダムを助ける者として女性（イヴ）を創ります。しかし女性は、蛇にそそのかされて「善悪を知る木」の実を食べてしまい、さらにアダムにもそれを勧めてアダムも食べてしまいます。つまり人間は神の禁止命令に背いてしまったのです。これが人間の「原罪」とされる行為です。

人間はこの罪により、神のもとにある「楽園」を追放されて、この世で生きることになりました。そして、「楽園」において「生命の木」の実を食べることで保証されていた「永遠の生命」を失って、死ぬべき運命となったのです。それゆえ人間は、自分たちの努力で人間という種をつないでいかなければならなくなりました。そのために男女が一体となって結びつく、つまり「夫婦の肉体的一体化」がキリスト教社会における結婚の目的とされたのです。このことは現代でも変わらず、たとえばカトリック教会の法典には、結婚の完成とは肉体的一体化であることがはっきりと述べられています。

このように性欲は、この世で生きる人間が種を存続させることを目的として、男女が肉体的に一体となるために与えられました。しかし種の存続のために必要な性欲は、キリスト教の教えにおいては、そのようなものとして素直に肯定されたわけではありません。キリスト教の教えの中にはもともと「肉」と「霊」を対比させ、肉欲を否定する内容があったのですが、初期のキリスト教会を導いた教父のアウグスティヌスは、特に男女の性関係や性欲を否定し、抑圧しました。それゆえ男女の性関係は基本的には否定されるべきものとなり、神が認めた結婚関係においてのみ許されることになったのです。

こうしたキリスト教における結婚観を見た上で、ウェイランドの議論を読んでみましょう。

彼はまず、性欲を神が我々に与えたのは子孫を残すという目的のためなのだから、それは満足させられるべきだと書きます。そこから、人間が独身を守ることも欲情にふけることも神の与えた目的を果たさないので、制限を加える必要があるというのです。それが「貞節の法」です。そして、その制限を明らかにするのが道徳哲学の仕事であるとして、姦通《かんつう》や重婚、妾などが禁じられると論じます。そこから、男女の結びつきは相互に排他的であるべきこと、そしてこの排他的結合は神が結びつけるのだから、生涯続くべきだという制限が生じるのだと主張されます。つまり「一夫一婦制」と、「死がふたりを分かつまで」添い遂げるという生涯にわたる「離婚の禁止」という制限です。西洋キリスト教社会の結婚は、このふたつの原則にもとづいていました。

『修身論』では、その後このふたつの原則が正しいことについて、男女の生まれる数は同数であるとして一夫一婦制を擁護する議論や、家族の中に複数の妻がいるとき起こる道徳的退廃の議論が続いています。これらは『学問のすすめ』「八編」で、福沢が女性に対する抑圧を批判するところで引用しています。福沢は「日本婦人論」を書くにあたって、これらの議論に学び、西洋人の目を意識しながら書き進めたと思われます。

「日本婦人論」

「日本婦人論」では、まずはじめに人種改良について触れられています。これは、条約改正をめざす中で採られた欧化政策に関連して人種改良論が現れ、「内外雑婚」による日本人の改良が唱えられたためです。福沢はこれに賛成しつつも、日本人の男女に関して改善すべき工夫を述べようというのです。彼はまず、人種改良のためには女性の心を活発にして身体を強くする必要があると主張します。その上で儒教主義に従う「女大学」風の教育では、それは可能ではないと批判します。そして、女性の生活を活発にするために女性に責任を与えるべきだと論じます。さらに、男性に依存しないために女性に財産の権利を保証すべきだとも言います。西洋の婦人を見ると、夫婦関係において女性は自分の財産を持ち、夫だけに任せておかない。それゆえ夫に頼らないで自由に行動できるのだというのです。また福沢は、西洋の妻は夫と対等で、女性は男性のすることを何でもできる。最近では参政権を主張する運動も行なわれていると西洋の状況をまとめています。そして、とりあえず日本の女性を西洋の女性のようにしたいものだと述べるのです。

次に福沢は、日本の女性が虚弱になったのは、「社会の圧制」により「春情」を満足させることができないからだと論じます。「春情」とは性的な欲望のことです。この点についてかなり長く論じられているのは、男性については性的な制約がなく、奔放に行動することが許されているという状態と対比するためだとしても、性欲について論じることはあまりない日本の社会的文脈からいうと、やや不思議な気がします。しかし性欲と道徳を関連づけて論じるウェイランドを参照してみると、福沢もこれについて論じる必要があると考えたのかもしれません。

ここから福沢は、女性を抑圧する「社会の圧制」について批判していきます。このような「春情」をはじめとする女性への抑圧は、「徳川の治世」になって「儒流」が頭角を現し「名教」を盛んに唱えるようになって、「上下貴賤の分」を明らかにするとともに「女性の分限」も束縛して快楽を抑えるようになってからひどくなったと言います。こうした「名教の虚飾」が長年続くことにより、それが当たり前となってしまった。それゆえ、その状態は天然によるのではなく人為による抑圧だから、人為の工夫により改善することができるというのです。

それについて福沢が論じる処方箋は、まず「家の系統」の重視をやめることです。彼は「人生家族の本は夫婦に在り」と述べて、男女が結婚した場合は、新たに「一家族を創立」すべきだと論じます。そして新しい家族の苗字《みょうじ》は、男女それぞれの苗字から一字ずつ採って新しい苗字を創造すればよいではないかと提案しています。このようにすれば、「女子が男子に嫁するにも非《あら》ず、男子が女子の家に入夫たるにも非ず、真実の出合い夫婦にして、双方婚姻の権利は平等なり」と主張するのです。

さらに結婚において財産も夫婦で平等に所有することを主張します。特に女性も不動産所有権を持てるようにすれば、女性の地位も上がるだろうと述べています。この他さまざまな権利関係について男女の対等な扱いを主張する中で、民法の編成の際には、これらに注意するよう希望すると述べているので、ここでの西洋を意識した議論が民法制定も視野に入れたものだったことがわかります。そして、特に離婚の権利について、西洋では平等で女性に不利にはならないのに、日本では夫が「三行半《みくだりはん》」を書くだけで離婚できることを外国の婦人が知ったら驚くだろうと書くのです。

西洋と日本の女性の状況

このように福沢は、西洋に比べて日本の女性が抑圧された状況にあることを強調しますが、実は当時の現実を見てみると、福沢の叙述が西洋と日本の女性の現実を反映しているとはいえないことがわかります。福沢が言及している財産権と離婚などの権利について、まずイングランドの状況を見てみましょう。

イングランドでは女性の財産権に関して、独身か結婚しているかで状況がまったく異なりました。独身の女性は、基本的な権利を認められていたので、自分の財産を持つことができましたが、結婚するとこれらの権利はまったく認められなくなりました。キリスト教における結婚は「夫婦が一体になる」こととされていましたから、結婚すれば妻は夫と一体となり、その人格は夫が代表すると考えられて、妻は法的には無能力つまり子どもと同じように法律行為が行なえない存在となったのです。これにより妻が独身のときに持っていた権利も夫のものとされ、夫がその権利を行使することになりました。これは法的には「カヴァチャー（coverture）」（日本語では「庇護《ひご》された妻の身分」と訳されます）と呼ばれます。これにより妻が結婚前に持っていた現金や債権、家具や宝石などの所有権は夫のものになりました。また、妻の持参金や妻が仕事で稼いだ収入も、夫の管理下に置かれました。土地や家屋などの不動産の所有権は持ち続けられましたが、実際の管理権は夫に移りました。また妻である女性は、自分で契約を結ぶことも訴訟することもできませんでした。

妻が「カヴァチャー」から解放され、独身女性と同じ財産所有権を獲得したのは、一八八二（明治一五）年のことです。また、イングランドで妻が夫と同じく姦通のみを離婚原因として離婚できるようになったのは、一九二三（大正一二）年でしたし、契約締結能力が認められたのは、実に一九三五（昭和一〇）年になってからです。

ちなみに「カヴァチャー」の法理は、「夫婦が一体になる」というキリスト教的結婚観から始まったものです。「創世記」において、そもそも女性は男性の一部から創られたこと、また女性が「原罪」の原因を作ったことから、男性の支配下に置かれるべきだと考えられたためです。これを近代的な「契約」という概念により整理したのが、『西洋事情二編』にその著作の一部が翻訳されたブラックストンでした。彼は、男性と女性相互の合意にもとづき成立した「結婚契約」によって「夫と妻の人格の結合」が成立した結果、女性の権利が男性の人格に組み込まれるのだと論じました。これがコモン・ローを継承したアメリカやカナダにも引き継がれ、妻の無権利状態を規定しました。それゆえ彼は、福沢も言及している一九世紀の欧米の女性運動において、最も憎まれる人物となったのです。

それでは日本ではどうだったでしょう。日本における結婚は、「家」を基本としていました。江戸時代の「家」は「家業・家産・家名」を継承し、祖先祭祀《さいし》を伝えることをめざす企業体でした。その構成員は夫婦とその血族、使用人でしたが、「家」の運営のためにそれぞれ「職分」にもとづく役割が与えられ、それらが合わさって「家」は運営されていました。そこでの夫婦は、「家」における「当主」と「女房」としてそれぞれの職分を担当し、協同して家業の運営にあたりました。「当主」たる男性は「家」の代表者としての職分を担い、家業全体に責任を持ちましたが、家産は「家」のものと考えられていたので、当主の役目はいわば管財人のようなものであり、また当主は、「家」の構成員全体に対する権力を法的に保証されていたわけではありませんでした。女性は家政を担当し、いわばマネージャーのような役割を果たしていました。現代の家族経営の中小企業のような構造だったと考えるとわかりやすいでしょう。「家」は継続することが最も重要であると考えられていたので、後継者としての子どもがいない場合には妾を置くことも認められましたが、妾は使用人という位置づけでした。また、ほかの「家」から養子をとることもありました。

このような「家」の構造だったことから、夫婦ふたりを取り出してペアとして考えることはなく、妻も夫の親類のひとりとして分類されました。結婚後も女性は自分の生まれた「家」への帰属から完全に脱することはなく、自分の姓を変えることはありませんでした。男性が妻を迎えることは「家」において「女房」という職分を果たすのに適合的な人物をリクルートするという意味でしたから、その職分に合わないときは、簡単に離婚し、また再婚しました。高木侃《ただし》氏の詳細な研究によれば、「三行半」は夫が交付するという形を取っていましたが、実際には離婚は夫・妻どちらからも要求することができました。そして「三行半」は、福沢が言うような夫による一方的な離婚宣言ではなく、離婚したことの証明書の意味を持ち、それがあることで、両者ともが再婚できるようになったのです（なお、武士の婚姻は主君に届ける必要があったので、「三行半」を交付することはありませんでした）。また福沢の議論に反して、妻たちは財産権を持っていました。女性が結婚しても、自分で持っていた不動産、持参道具、婚姻中に取得した財産は、妻の所有になりました。こうした状況は、明治になっても変わりませんでした。

当時の武士や女性の書いた日記などを見ても、夫婦が互いを思いやり、助け合いながら協同して「家」を運営する様子が見て取れます。また日本の女性が社会的に活動し、男性と共に働き、芝居見物や物見遊山に出かけていく様子は、江戸時代の前に来日した宣教師の記録や江戸時代の朝鮮通信使の記録、また明治の初期に来日した欧米人の記録にもあふれています。

このように見ると、福沢が西洋の女性の状況を賞賛し、日本女性の様子を悲惨なものとして描いたのは、事実に反する記述だということになるでしょう。福沢はＪ・Ｓ・ミルの『女性の隷従（*The Subjection of Women*）』を読んでいましたから、イングランドの女性の隷従状態を知っていたはずですが、なぜかそれとは異なる議論を展開しているのです。なぜそのような論じ方をしたのかといえば、西洋文明化が必要な状況において儒教主義が台頭したことに対し、反撃するためだったと考えられます。彼が日本女性の状況として叙述した内容は、彼が批判した

「儒教主義の余流を汲《くみ》て組織したる女大学風の教育」のめざしたところだったのです。それでは『女大学』にはどのようなことが書かれていたのでしょうか。

『女大学』

『女大学』とは、貝原益軒（一六三〇〜一七一四年）の書いた『和俗童子訓《どうじくん》』巻之五「女子を教ゆる法」をもとに、さまざまに編集された女子教育の書の総称です。貝原益軒の書を女子教育用にまとめた『女大学宝箱』が享保元（一七一六）年に刊行されて以来、明治になった後も女性の行動を律するテキストとしてさまざまな内容のものが発行されました。もとになった「女子を教ゆる法」は、その題名が示すとおり、女子に対する教育における注意事項を、儒教的な思想によって書いたものです。

儒教では、世界を「陰」と「陽」のふたつに分け、女性を「陰」、男性を「陽」に振り分けて、男性を太陽のように尊く、女性を月のように太陽に服従すべき存在と教えました。そして男性の活動領域は家の外であるのに対し、女性は家庭の内にいておとなしくしているべきだとされました。これは「夫婦有別《べつあり》」という道徳として示されていました。女性の生き方に関する代表的な思想が「三従」です。女性は、人生のはじめは父に従い、結婚後は夫に従い、夫の死後は息子に従うべきだとされました。貝原益軒の議論もこれにもとづき、徹底して女性は男性に服従すべき存在であることを教えます。また、自分の「家」より夫の「家」を大事にして、舅《しゅうと》や姑《しゅうとめ》に従うべきだと説きます。そして結婚生活において妻が注意すべき七つの問題点をあげ、これらに注意して離婚されないようにしなさいと教えるのです（「七去」）。

このように貝原が書いているのは、一言で言えば、女性の自発性を抑圧し、服従を強いる内容でした。ともかく女性は家族関係においてどのような理不尽があったとしても耐え忍び、従うべきだとしているのです。この内容は、福沢が「日本婦人論」の中で批判した日本女性のあり方と重なっているといえるでしょう。つまり福沢は、儒教主義者たちの唱える「女大学風」の教育によって、女性を抑圧しようとする風潮を批判したのだと考えられます。

当時の政府の政策が儒教主義に流れていくことに対し、福沢は危機感を持ち、反論していたことは述べました。そして、福沢が男女関係に関する論説を書いた少し後の明治二〇年代半ばになると、実際女性に対する教育政策が保守化して、男女の役割分担を前提とした「良妻賢母教育」に変わっていくことになりました。福沢はすでにこの時点でその危険を察知し、儒教主義的教育に反論しようとしたのが、「日本婦人論」だったと考えられます。そのために福沢は、西洋と日本の女性の現実の状況とは多少異なっても、有効だと考える内容により議論を展開したのでしょう。続いて書かれた『日本婦人論後編』の冒頭に、「日本婦人論」は少し知識のある人に向けて書かれたことが述べられていますので、政策に関わる儒教主義者に向けた議論であることが推測されるのです。

「儒教主義イデオロギー」の解体と科学的説明

福沢は「日本婦人論」に続いて明治一九年までに、『日本婦人論後編』『品行論』『男女交際論』など男女関係に関する論説を次々と発表しました。そして少し間をあけて、明治二一年に『日本男子論』を書きました。女性について論じた『日本婦人論後編』と『男女交際論』は、男女の関係を原理的に根底から考える内容として論じられているのに対し、男性に関わる『品行論』と『日本男子論』は、「今の文明」を前提に論じられているという特徴があります。福沢は、『文明論之概略』では十分論じなかった家族における望ましい男女関係のあり方を、この時期に徹底して論じたのです。

「日本婦人論」に続けて発表された『日本婦人論後編』は、その題名に反して「日本婦人論」とは内容がかなり異なり、福沢の女性論の中でも、最も鋭い議論が展開されている著作です。そこで福沢は、儒教主義を徹底して批判しました。ある思想を絶対的に正しいものとして批判を許さず、それにより他者の思考を縛ろうとするとき、そうした思想を「イデオロギー」と呼びますが、儒教主義はまさにそのような思想だったといえるでしょう。それゆえ福沢は『日本婦人論後編』において、「儒教主義イデオロギー」を根底から解体しようとしました。その批判は以下のように行なわれています。

『女大学』のところで「陰陽説」について説明しましたが、福沢は、儒教において、「男女を陰陽に喩《たと》え、男は陽にして天なり日なり、女は陰にして地なり月なりとて、一方は貴く一方は賤しき者のように説を立て、これを自然の道理として怪しまざる」ことが行なわれてきたと書きます。彼はこれに対し、そうした言説は「儒者の夢話」だと言います。「陰陽」とは、数千年前の「無学文盲の時代」に勝手次第に付けた名前であって、それについて決まった特性があるわけでもないのに、心の中に二様の考えを描いて、自分の主観によって物事を分類したのだと一蹴するのです。

その上で、『女大学』に書かれた女性を抑圧する教えが、女性に無理な従順を強いることを批判します。男子もそれを守るべきだというのであれば異議はないが、女性だけを責めるのには深いわけがあるとして、なぜそのようになったのかを明らかにしていきます。福沢によれば、このように男子に都合のよい教えがまかり通るようになったのは、もともとこのような教えを作った儒者も、それを翻訳したのも皆男だったからで、「この男は、同時代一国中の男のために便利なる工風《くふう》のみを運《めぐ》らして、女の不便利には少しも頓着」せずに、自分の思うように教えを定めたからだというのです。つまり男性が自分の都合のよいように「二重の基準（double standard)」を定めたのです。

ある人間とほかの人間に違いがあるとき、違いがあるという事実だけでは差別は発生しません。その違いに優劣をつけ、その上下関係が当然であるという説明がなされることで、初めて差別が生じるのです。福沢の儒教主義に対する批判は、こうした差別のからくりを明らかにした、胸のすくような説明です。女性差別を扱った議論において、その背景にあるイデオロギーにまで掘り下げて分析し、それを解体しようとした思想家を私は見たことがありません。福沢はその点において、思想的に徹底しており、特別だったといえましょう（西洋ではホッブズが、キリスト教イデオロギーとは異なる根拠で男女関係の成立を説明していますが、彼はキリスト教イデオロギーそのものに正面から取り組んだわけではありません。詳しくは、拙書『女性差別はどう作られてきたか』をご覧ください）。

このように「儒教主義イデオロギー」を解体した上で福沢は、女性を抑圧する『女大学』の中の「女」という文字を「男」に入れ替え、同じ道徳を男に向かって説いたら男子はどのように思うだろうと言います。今でいう「ロール・プレイング（role playing）」の提案です。そうしてみると、男子は必ず大いに不平を唱えるであろうといい、それならば女子にとっても不満であることがわかるだろうと論じるのです。

このような儒教主義の説明に対し、福沢は男女の対等性を徹底して科学的に説明しました。彼は、女性と男性が人間として異なるところは「ただ生殖の機関のみ」と述べ、それについても、仕組みが異なるだけで、一方が重要で他方は重要でないということはないというのです。そして、その他の体の構造も心の働きもまったく同様なのであって、「男子の為《な》す業にて女子に叶《かな》わざるものなし」と主張します。「人は万物の霊なりといえば、男女共に万物の霊なり。」

先ほどの「儒教主義イデオロギー」のところで説明したように、差別は事実の上に優劣をつける言説をかぶせることで生まれるのですが、福沢は男女の違いを生物体としての人間という基本に戻って科学的に観察し、それが社会的存在としての「万物の霊」である人間にとっては問題とならないと論じたのです。

しかし科学的思考が常に差別の解消につながるわけではありません。私たちは、しばしば科学の進展が差別の解消に資すると考えがちですが、女性抑圧の歴史を見るとそのようには言えません。古代ギリシアの知の巨人だったアリストテレスは、さまざまな生物について考察しましたが、その上で男女に優劣をつけ、男性が優秀であると主張しました。彼は、男女の違いを序列化し、男性中心主義の旗を初めて立てた人だといえましょう。また近代になっても、生物学が発達しホルモンなどが発見されて男女の違いが明らかになることにより、女性に対する差別が解消されるのではなく、逆に差別が助長されることになったのです。こうした風潮に比して、福沢の、生物としての男女を観察することで科学のみに依拠しようとする姿勢は貴重なものだといえましょう。

福沢が当時の社会において「儒教主義イデオロギー」と並んで批判したのは、「家」に関して結婚を子孫相続のためとして考える「腹は借物」という考え方です。これに関しても福沢は、遺伝の法則をわかりやすく示して、「家」を男子だけに相続させることの誤りを指摘しています。福沢は、当時の社会における女性を抑圧する考え方に対して、徹底して科学により男女の対等性を論じたのでした。

このように福沢は、女性と男性をひとりずつの人間として比べ、そもそもの生物体としての比較において、対等であるとする原理を示しました。そして、そのような対等性を確保するためになすべきことを提示しました。まず女子が生まれたら、男子と同じように扱い、成長するに従い、男子と同じように「学問技芸」を教えるべきだとします。友達との交際も自由にして、家のこと世間のことも教え、家に財産があれば男子と同じように分配して、自分で管理させる。その上で何か「一芸」を仕込んで、それにより将来生計を立てられるようにするのが大切だと論じています。このようにすれば、「生涯男子に依頼するに及ばず、独立の精神も自然にこれによりて生ずべし」。これを見れば、福沢が女性を「万物の霊」として、独立した人間になるよう考えていたことがわかるでしょう。

『品行論』

次に書かれた『品行論』は、あくまでも条約改正のために男性の品行を正すことをめざした著作でした。福沢は「緒言」の冒頭に、「日本男子の品行に就ては、我社会のため又外国交際のためを謀りて、不満足なるもの甚だ少なからず」とはっきり述べています。そして、国を開いて外国と交際するのだから、自分の行動が国の評価につながるのだということを認識すべきだと述べた後、男性の不品行の歴史について分析します。

福沢によれば、男性の不品行がまかり通るようになった要因のひとつは、歴史的に武士が戦闘に明け暮れ外で活動することが多かったので、家庭内の行動を省みないということが続いてきた点にあると言います。これにより男性は、肉体の快楽をほしいままにし、多数の妾を持つことが行なわれてきたというのです。

徳川の時代になって儒教が道徳を教えるようになって、人の行動を正すという風潮になってきたことを福沢は認めますが、儒教の教えには問題があるとも言います。それは、儒教道徳が戒めるのは弱い立場にある者だけで、強い者に対しては道徳的に拘束することが少ないという点です。それゆえ男女関係に関しては、女性にだけ道徳が押しつけられることになってしまうと言うのです。こうして儒教は女性に対し、「従順を教え」、「謹慎を命じ、交際を禁じ、多言を禁じ、甚だしきはその無学不才にして心事の卑屈なるを悦び」、これを「女の淑徳」などと賞賛して、「大切なる教育の方便をも奪い去る」ようにまでなってしまったと批判します。ここで書かれているのは、まさに福沢が女性についての儒教主義批判の中で言及していたことでしょう。

このように徳川時代においては儒教が道徳全般について規制していたのに対し、明治以降この規制が緩むことで、男性の品行はあたかも「轡《くつわ》なき馬を春の野に放ちたる」ようになってしまった、すなわちやりたい放題になってしまったと福沢は書きます。こうして、これまでの婚姻のやり方を無視して、金銭に物を言わせて気に入った女性と夫婦になったり、妾を抱えたり、芸妓《げいぎ》と戯れることを平気で行なうようになったというのです。

これに対し福沢は、文明開化が進めば「人生の内行」つまり家庭内の行動についても次第に修まって、「一夫一婦、配偶の分を守りて紊《みだ》るるなきの美を見るべし」という人もあるけれど、「今」の文明の進歩の程度においては、それはおそらく無理だろうと述べます。そして「今」の現状において西洋に倣うよりほかないことを、次のように論じるのです。つまり、「今の全世界」は西洋の文明開化により支配されているので、そのやり方から外れている人は、人と交際もすることができないし、「国も国と伍を為すを許されず、俗に所謂《いわゆる》多勢に無勢にして、これに勝つべきにもあらざれば」、すべて西洋のやり方に従うよりほかないのであると。このような論調は、明治一七年頃から現れた「経世」論の流れにあることが見て取れるでしょう。こうして福沢は、男性の品行に関しても、欧米人が信じる教義に従って、「一夫一婦」のやり方を真似《まね》るべきだと説いたのです。

しかし、西洋の女性のあり方を望ましいものとして論じていた「日本婦人論」とは異なり、福沢は西洋のやり方を真似るべきだと論じながらも、西洋の男性の行動が、彼らの主張ほど立派なものではないことを認識していました。しかし重要なのは、彼らが不品行に関して声高に話したりせず隠すことなのだと指摘し、西洋で不品行を隠すならば、日本においても隠す必要があると主張するのです。福沢は、「西洋東洋、禽獣甚だ多し」と述べて、不品行の程度においては日本と西洋に差はないが、それを見て見ないふりをするのが重要だと説きました。そして、そのような態度を「文明の眼」と呼んだのです。西洋文明に対する福沢の醒《さ》めた視線が表れた表現だといえるでしょう。

男女関係における「肉交」と「情交」

このように福沢は、『日本婦人論後編』においてひとりずつの男女の対等性について原理的に論じた後、『品行論』ではあくまでも西洋文明化という「経世」の観点から論じました。そして続く『男女交際論』においては、男性と女性の関係がどのように作られるべきかについて、再び原理的に論じたのです。

福沢はここでも陰陽説を批判した上で、「西洋流に従い、物理学上の事相を借用して」論じようとしました。ここから見ても、再び男女の関係について科学的に議論を展開しようとしていることがわかると思います。そして、男女両性の性質は、「電気の消極《ネガチブ》と積極《ポシチブ》」のようなものだと述べます。つまり同じ極は反発しあい、異なる極は引きあうというのです。人間であれば、男女両性が接するときは近づき、相互に親しんで情的な交流が生まれるのです。福沢は、このような男女の交流は人間だけのものではなく、ほかの生物や植物にも見られるのだと説明します。

男女の情的交流は人間社会にとり重要なものであって、それが自由か不自由かは社会全般に大きな利害関係を持つにもかかわらず、これまで論じられなかったことを福沢は批判します。それは、男女を引き離す「世教」つまり儒教の教えがあったからだというのです。そして、「人智」が進めば時代に合わせてその内容を改良すべきであるのに、儒教の教えは逆にそれを固守するだけでなく、議論を極端にしてしまったと言います。このように儒教主義者たちを批判した上で、福沢は自分の考える男女の関係について論じていきます。

福沢は、男女の交際には「情感の交」と「肉体の交」があると言います。「肉体の交」とは、文字どおり「肉体直接の交」を意味します。福沢はこれを、人間の快楽の中でも「すこぶる重きもの」と述べます。しかし文明が進み、人間の活動範囲が広がってさまざまな活動をするようになると、情感の対象も広くなって男女の関係が変わっていきます。相互に議論をし、さまざまなことを行ない、会話し、食事をするなどで感情的な交流が進みます。これが「情感の交」です。福沢は、この両方ともが人間にとっては重要なのだと述べています。このように人間同士のコミュニケーションが活発になることで人間関係が発展するという考え方は、昔学んだギゾーの文明発達の議論が影響しているように思います。これに対し儒教主義者たちは、

「肉体の交」すなわち「肉交」だけに注意して、「世教」により男女の間を抑圧してきたのです。

福沢はこのような「肉交」と「情交（情感の交）」は、人間だけでなく動物においても見られることだと言います。その上で、人間においては知覚の発達により「発欲の定期」つまり発情期が生殖の期間に限定されなくなり、「肉交」だけでなく「情交」の働きが広くなったのだと説明します。そして、これこそが人類が特に動物と異なる点であって、「万物の霊」というのも偶然ではないのだと論じるのです。ここでも福沢が、儒教主義を批判するために、徹底して生物学的見地に立とうとしていることが読み取れます。

福沢はこのように男女の性的関係の成立を、両者が異なるという点によって説明しました。重要なのは、その説明が科学的中立的で、違いについて優劣の評価をまったく含まないだけでなく、その違いがあるからこそ関係が成立するのだとして積極的に評価している点です。これは彼が、人間も動物であるという側面を直視していたから可能になった考え方だと言えるでしょう。この点は、人間をはじめから理性的存在として規定し、女性を理性に欠けるとして差別した西洋思想との重要な違いだといえましょう。

そして『男女交際論』を終わるにあたって、儒教主義による抑圧が男女の交流を阻むために、さまざまな不品行が犯されるようになる。「古学流の君子社会」にもそのような人がいるだろうと、儒教主義者たちがひそかに不品行を犯していることを批判します。その上で、「愛相も尽き果てたり、社会の圧制。汝の命に服従するが如きは、我輩《わがはい》天下の男女と共に敢《あ》えて拒む所なり」という激しい言葉で最後を締めくくっています。このように福沢は、儒教主義者が女性を抑圧することで、男女の関係がゆがみ、それが女性に悪影響を与えるとともに、男性の不品行を生み出していることを批判したのです。

夫婦関係のあるべき姿

福沢は、儒教主義や封建制における「家」が女性を抑圧し、男性の不品行を生み出してきたと批判しました。それゆえそれを正すために男女の対等な関係を主張しました。それでは彼の考える望ましい夫婦の関係とはどのようなものでしょうか。彼は『日本婦人論後編』の中で、時折その点に触れています。福沢は「今日」は封建の世ではないとして、代々男子が継ぐべきだとされてきた「家」に対し、「一代の夫婦にて一代の家を興し、系図も夫婦の系図にして、財産も夫婦の財産なれば、双方力を協《あわ》せて生涯を終わるべし」と述べて、夫婦が中心の家族の形を示します。そして、このような夫婦関係を「偕老《かいろう》同権の夫婦」と呼ぶのです。「偕老同権」という語は、本来は「偕老同穴」として使われます。これは『詩経』にある語で、「夫婦仲良く共に年をとり、同じ墓に入る」という意味です。ここでは夫婦の対等な立場を強調しているので、「同権」と言い換えたのでしょう。これは「一夫一婦制」と生涯にわたる夫婦関係を論じているので、ある意味西洋的な夫婦の形のように見えます。

しかしその内容について見てみると、それは人々が生活のために営んできた現実の日本の「家」のあり方に近い姿として描写されています。福沢は、「一家の事は男子のみにて行届くべきにあらず」と述べ、男子の仕事は婦人と共に営むもので、ひとりで行なうのではない。それが「家の営業」というもので、その家は「男女寄合」のものだから、男子がひとりで権威を掌握し、婦人を下女のように扱うことができるわけがないと述べています。そして、家事を扱う権力は夫婦平等に分配して「尊卑の別なく」、財産も共有にするか分有にし、夫婦の家として、「相互《あいたが》いに親愛し、相互いに尊敬する」のが、人間のあるべき姿だというのです。これは、家産を共有し、夫婦がそれぞれの役割を遂行することで協同して運営していた日本の「家」の内実によく似ていると言えるでしょう。渡辺浩氏の研究によれば、夫婦の役割を分ける儒教の道徳である「夫婦有別」は、日本では「夫婦相和し」に変更されて説かれたと言いますが、それはこうした日本の「家」における夫婦関係を反映しているのでしょう。

しかし現実の「家」と福沢の述べる家族の形には、組織のあり方として重要な違いがありま

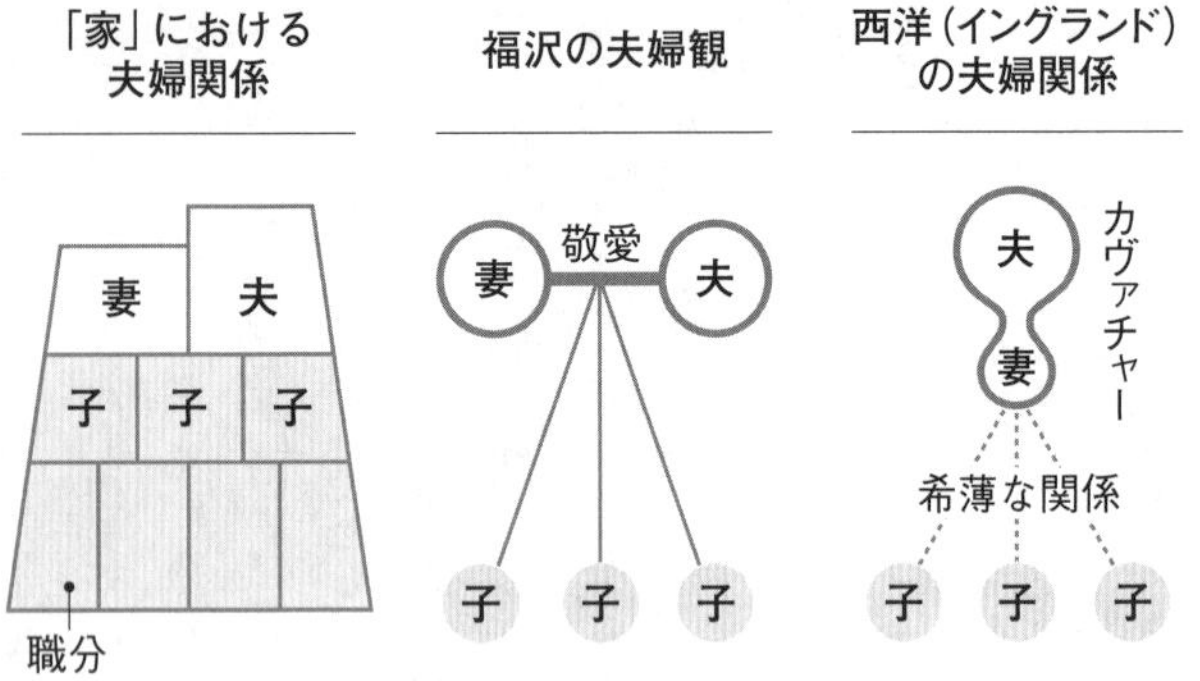

した。前述したように、「家」とは、そこに属する構成員がそれぞれの職分を受け持ち、それらが合わさることで運営される団体でした。つまりそれぞれの人は、「家」というジグソーパズルのひとつのピースのような存在だったのです。個々人は「家」を成り立たせる不可欠の構成要素で、そこから外れるという自由はありませんでした。福沢がこのように自由が許されない徳川体制を憎んでいたことは前述しました。福沢は、日本の「家」における人間関係の内実は評価しながらも、彼らに自由を許さない体制を変えようとしました。そのために男女の関係を根底から考え、独立した男女が作る夫婦という形にしようとしたのです。それは、西洋の夫婦のあり方に触発されながら、女性と男性の独立と対等性を保証する関係でした。その違いを図解すると上のようになるでしょう。

そして福沢は、このような夫婦の作る「家」を基礎として、国家が構成されるべきだと考えました。『日本婦人論後編』には、そのような考え方が垣《かい》間《ま》見えます。福沢は、男女の対等な関係を論じたのは、抑圧されている女性の地位を引き上げて男性と同等のものにするためだが、それは、「家のためにも国のためにも」非常に重要なことであると述べて、家族と国家の関連を示します。夫婦が家にいて、その間に「尊卑軽重の別」つまりどちらが尊いとか重要だとかいうことなしに、一家をふたりの力で支えるだけでなく、女性も外に出てさまざまな活動を行ない、「家の荷物を半分持つのみならず、日本国の半分は婦人のものと心得」、男性に遅れを取らないようにすることが必要だというのです。そして、「国会開設の趣意に従うて家会《かかい》をも開設し、婦人女子に家政参与の権を与えたきものなり」と論じて、「家」の運営も国会のように夫婦の合議によって行なうべきだと主張しました。このように女性の活動を男性と同様に保証することで、国家の運営を女性も担うようにすれば、国を維持する力は倍になるというのです。こうして福沢は、独立した男女が作る「一家」を基礎として、独立した国家を作ろうとしました。すなわち「一家独立」を「一国独立」につなげる構想です。

「徳」にもとづく夫婦関係

このように福沢は男女の関係を、動物としての肉体の交わりから始まり、情感の交わりを経て夫婦関係に至るプロセスとして論じました。しかし女性も男性も共に「万物の霊」であるならば、夫婦間には「万物の霊」にふさわしい「徳」が成立するはずです。それはどのようなものなのでしょうか。その点について論じたのが『日本男子論』です。

福沢は、ここでもその考察を根源的なところにまでさかのぼり、世界の始まりから議論を始めます。そして、歴史を見ると世界の始まりに人間がひとりだけ存在していたときには、道徳は必要なかった。夫婦という関係が生じて、初めて道徳が必要になったのだと言います。それは、「相共に親愛し、相共に尊敬し、互いに助け、助けられ」という関係により、男女が共に生活するために必要な道徳なのです。これを福沢は「夫婦の徳義」と言います。そしてこの道徳こそ人間関係におけるほかの道徳の基礎となるものなので、「百徳の根本」であると論じます。

このようにすべての道徳の基礎をなす夫婦における道徳の中心は、「親愛恭敬の徳」であると福沢は論じました。つまり前にも説明したように、男女の間に成立する「交わり」においては、必ず「親愛」の情が存在します。しかし福沢は、人類がほかの動物に優越して「万物の霊」であるのは、「親愛」だけでなく「恭敬の誠」があることによるというのです。つまり相手を可愛《かわい》がるという態度は動物と変わらない。これより進んで夫婦が「互いに丁寧にし大事にする」ことがあって、初めて人間らしいといえるのだと論じるのです。こうして福沢は、「親愛」の情と「恭敬」の徳すなわち「敬愛」が、「万物の霊」としての夫婦関係における徳として重要だと主張しました。

福沢は『日本婦人論後編』において、「敬」とは「妻を一人前の人として夫婦同等の位に位し、毎事《ことごと》にこれに語り、毎事にこれと相談すること」であると説明していました。『日本男子論』においては、夫婦が苦楽を共にし、相手が苦しいときにはそれを分担しようとするべきだし、ましてや相手の嫌うことをやらないようにすべきだと書きます。その場合には、「恕」という徳が必要だと主張します。これも『日本婦人論後編』で触れられています。そこでは夫婦間における男性の横暴を批判して、それをいさめるには新しい西洋の説を使う必要はなく、儒者の教えに適切なものがあるとして、「恕」という徳が提示されるのです。「恕」とは、他人の心を自分の心と同じように思い、自分に耐えられないことは他人も耐えられないだろうと推測して、そうしたことをしないよう自分で慎むことだと説明されています。そして『日本男子論』では、「恕」という徳が必要なのは、もともと夫婦は異なる人間が結びついたもので、それぞれの人生の背景が同じではないのに共に生活することになったからなのだと述べます。これはきわめて現実的で、なおかつ女性・男性を共に別々のひとりの人間であると認識することで成立する分析だといえましょう。

ここで人間関係の基本となる夫婦の道徳として提示された「敬」も「恕」も、儒学の中から採られたものでした。儒学の思想においては、ほかの人に対する態度として、「愛」と共に「敬意」が要求されていました。たとえば『孟子』にそうした考えが見出せます。「恕」が儒学からきていることは福沢も言及していますが、『論語』や『孟子』の中にそれが見えます。このように福沢は、儒学の思想をもとに「万物の霊」としての男女の間に必要な道徳を論じたのです。こうして見ると福沢は、あるべき夫婦関係を、西洋と日本、そして儒学の思想から学ぶことで作り上げていったことがわかるでしょう。

『日本男子論』において福沢は、このような徳にもとづく夫婦関係を論じた後で、「君子の身の位」について論じました。これは英語では「ヂグニチー」にあたる概念だと言います。人間が「智徳」を発達させ「万物の霊」として完成するというプロセスを前提とした議論をする中で、福沢はその根本にある人間としてのあり方において、当時の男性の行動は是認できない状態だと考えたからです。そして「君子」になるには、「自ら信じ自ら重んずる所」がなければいけない。特に自分の一身に関わる「私徳」が完璧であることは自らを信じることにつながるのだとして、「人倫の大本、百徳の源」である男女間の徳を修めることの重要性を主張しました。

ここでも福沢が、自分の心の内側に道徳の根源があるべきだと考えていたことがわかるのですが、それが人間は生まれつき善性を持っているという儒学の思想から影響を受けたことについては前述しました。ここで福沢は、人間が持つそのような善性を「本心」と表現しています。この言葉は晩年になるまであまり使われませんので、後に説明することにしますが、福沢の「万物の霊」としての人間像を理解するためには重要な概念だといえるでしょう。

政府の政策

これまで述べた福沢の議論の中でも言及されていたように、この時期政府も、条約改正のために近代国家の体裁を整えようと、西洋的な民法の制定を急いでいました。そのために西洋法を真似るという方針を取り、フランスから招いたボアソナードのもと制定作業を進めました。そして明治二三年に一度公布されたのですが、フランス民法（一八〇四年にナポレオンにより制定されたので「ナポレオン法典」と呼ばれます）に学んだ親族に関する規定が日本の状況に合わないなどの批判が起こり（「民法典論争」）、施行が延期されます。そして、もう一度検討され改変されて、最終的に明治三一年までに公布されました。

「民法典論争」において、「民法出でて忠孝亡ぶ」などという反対があったため、施行が延期された「旧民法」については、もとは西洋法の影響を受けた個人主義的で進歩的な内容だったが、保守派の反対によって改変され、「家制度」のような抑圧的な内容になったのだという見解が流布してきました。しかし男女の関係に注目してみると、「旧民法」が参考にしたナポレオン法典は、キリスト教の教えとローマ法の影響により、イングランド同様女性を抑圧する内容でした。特に重要なのは、妻の夫に対する服従が条文の中に規定されていることです。ナポレオン法典の第二一三条には、「夫は妻を保護し、妻は夫に従わなければならない」と書かれていました。これにより妻は夫に従属し、イングランドの妻たち同様、法的に無能力とされました。この規定は、一九三八年そして一九四二年の改正でも維持されて、最終的に夫婦間の役割について法的平等が実現したのは、実に一九七五年のことです。

こうした規定の根底にあるのは、もちろん妻は夫と一体になるというキリスト教的結婚観です。それゆえ一夫一婦制と離婚の禁止という原則が前提とされていました。民法の起草者たちも、福沢同様こうした結婚の形を日本でも整備することが、条約改正に必要だと考えていたと思われます。それゆえフランスに倣って、はじめは夫婦を家族の中心とする民法によって、それを実現しようとしたのでしょう。実は民法制定の過程で作られた「第一草案」には、ナポレオン法典に似た「夫は婦を保護し婦は夫に聴順すべし」という規定がありましたが、これは「旧民法」からは消えています。それでも反対派は、日本の「家」を基礎とする家族の形とはあまりにも異なるキリスト教的夫婦観にもとづく規定に対し、違和感を持ったのだと思われます。そして、「民法典論争」における「旧民法」への反対の結果変更された家族に関する規定は、夫婦ではなく親子関係が重視された内容になり、基本的には戸主たる男性が家族に対する権力を持つ形で制定されました。

このような状況の推移の中でも、おそらく起草者としては、条約改正のことを考えたら、何らかの形で西洋的な夫婦関係の原則である一夫一婦制と離婚の禁止を盛り込む必要があると考えたのでしょう。その苦肉の策が、制定された明治民法に書かれる「妻は婚姻に因《よ》りて夫の家に入る」（第七八八条）、そして「戸主及び家族はその家の氏を称す」（第七四六条）という条文だと思われます。これまで妻は結婚後も自分の家に対する帰属を失わず、「姓」は自分の出自を表すと考えられていたので、自分の生家の「姓」を名乗っていました。つまり「夫婦別姓」で、妻は完全に夫の家の人間にはならず、いわば自分の「家」から夫の「家」に出向した社員のような存在だったのです。今でも「実家」という言葉を使いますが、これはそうした歴史を反映しているのでしょう。

それに対し起草者たちは、民法に上のような条文を入れることで、西洋のような男女の一体化による一夫一婦制と離婚の禁止に類似した形を、日本にも作ろうとしたのだと思われます。そのために、妻が「夫の家に入る」ことにして、妻を完全に夫の家のメンバーにし、西洋における夫との一体化の代わりに、妻を夫の「家」と一体化しました。その上で、その家のメンバーであることを示すために、妻も夫の家の姓を名乗ることにしました。さらに結婚したことを法的に届け出るという手続きを定めることで、簡単には離婚できないようにしたのです。

夫婦の姓をめぐっては、政府が明治九年に太政官指令を出し、妻は嫁入り後も生家の姓を名乗るよう命じていました。これはそれまでの伝統を維持したものです。それに対し明治民法では、「夫婦同姓」に変更されることになりました。これは、夫婦の一体化という西洋の考え方にもとづき明治民法に導入されたと民法学者は解説しています。また明治民法では、男性の一体化の相手という意味で、「配偶者」という言葉が使われました。そして、明治三三年の皇太子の結婚を契機に、キリスト教の結婚式に倣って、「神前結婚」という形が考案されたのです。

当時の日本社会に、「家」における結婚のあり方を変えるという要請はありませんでした。明治になった後も、人々は江戸時代と変わらないやり方で結婚し、離婚していました。何百年もかけて作られた「家」の運営方法は人々の生活の基本であり、合理的で強固なものだったのです。そして民法ができた後も、人々は従来の方法で結婚し、離婚しました。民法の定めに従わず結婚を届け出ない傾向は昭和まで続いて民法学者を嘆かせていますし、高木氏の本には、大正六年の「三行半」が示されています。それゆえ明治民法の「家制度」制定の陰には、このように政府の側による西洋的な夫婦関係の形を追求する意図が隠されていたと考えるべきでしょう。それは、次のようなエピソードからもわかると思います。

明治民法は、もともと西洋法の夫婦中心の家族において男性が権力を持つという形を真似て作られようとしました。しかし途中の改変で、親子中心で、戸主が権力を持つという形に変更されました。それにもかかわらず起草者がその中に西洋的な夫婦関係を紛れ込ませようとしたため、その条文の間に整合的でない内容をもつものが存在することになりました。特に解釈をややこしくしたのは、明治民法が戸主を男性だけに認めるのではなく、江戸時代にあった「女当主」同様、女性の戸主（「女戸主」）を認めたことです。たとえば第八〇一条にある「夫は妻の財産を管理す」という西洋の夫婦関係から影響を受けたと思われる条文を解釈する場合、妻が女戸主だった場合、女戸主が夫たる家族に対して「戸主」として持つ権力と、夫が女戸主である妻に対して持つ権力と、どちらが上に来るのかという疑問が生じることになりました。

実際明治民法の条文を検討する委員会で、この点についての質問が出ました。それに対し、フランスやドイツで学んだ後、民法起草委員を務め民法導入を推進した梅謙次郎は、次のように答えました。「女性も『戸主』として『戸主権』を使えるけれど、あくまで夫に従わなければならないという原則は守るべきであり、また一家の大将は夫だから、夫は妻の財産管理権を持つべきだ」と。このような政府の方針に対し、福沢が、妻が夫に従うという西洋的夫婦観ではなく、男女共に「万物の霊」である個人として結婚関係を考えたことの意味は大きいといえるでしょう。

福沢は「日本婦人論」の中で夫婦中心の家族関係を論じて、結婚において新しい家族を作ったならば、男女それぞれの苗字から一字ずつ採って、新しい苗字を作ればいいと論じたことは前述しました。これは、夫婦同姓の制度の中で生きる我々にとっては、とても進んだ提案のように思えます。しかし明治初期の、夫婦が別姓の中で生きていた人々にとっては、こうしたことは想像の範囲内でした。それを示すのが、明治六年から明治九年まで存在した「合家《ごうけ》」という制度における議論です。

「合家」とは、ふたつの「家」を合わせてひとつの「家」にするという制度です。この中で、他人同士で両者とも戸主である男女が結婚する場合、合わせてひとつとなった「家」の苗字がどうなるかという問題がありました。どちらかの苗字を選択すれば他方の「家」の苗字が消えることになってしまうので、「家」の継続を重視する当時の人々にとっては重大な問題だったのでしょう。こうしてその事務に関わった県からは、「新しい苗字を創設することが許されるか」とか「両方の苗字を並列してよいか」という質問が国に寄せられました。それに対し太政官は、新しい苗字の創設も両者の苗字の並列も認めず、どちらか一方の姓にすべきであると指令しています。現在のように個人を識別するための姓ではなく、当時は「家」への所属を示す姓という考え方にもとづいた議論ですが、その中でもこのようなさまざまな姓のあり方が人々によって考えられていたことは、これから私たちが姓の問題を考える際に参考になると思われます。

もうひとつ福沢の議論と政府の方向性を対比してみる必要があるのは、家族と国家との関係です。福沢は、「独立」した男女が作る家族から国家の独立を考えるという形で家族と国家とのつながりを論じました。明治政府は、「家」を統治の末端に位置づけようとしましたが、はじめからその支配の正統性を「家」と関連づけて説明していたわけではありません。しかし、明治二〇年代になると、資本主義化が進むことで「家」の内実も変化し、人々は家業に従事することから離れて、俸給生活者になっていきます。それにより家族は職分によるつながりではなく愛情にもとづくものになっていきました。そうした変化の中で家族関係と関連づけて国家支配を論じたのが、井上哲次郎でした。井上は、大正元年に『国民道徳概論』を書いて「家族国家論」を主張します。その思想は、家族と国家を相似形の集団として、親を愛し心から忠誠を尽くすように、天皇にも忠誠を尽くすよう要求するものでした。つまり家族における愛情を国家にも拡げるように、上から強制しようとしたのです。同じく家族を国家統治の基礎にすえる議論だとしても、その方向性は、個人が内発的に愛情を拡げることを主張した福沢とは正反対だったといえるのです。

八、理想社会としての「文明の太平」——「天下の独立」

『福翁百話』『福翁百余話』

『日本男子論』以後、福沢は次第に日清関係に関心を集中するようになり、日清戦争の終了まで、憑《つ》かれたように対清関係を論じ続けました。そして明治二七年の開戦後には、戦費を賄うための募金活動まで行なったのです。文明化により日本を西洋と並ぶ独立国にすることをめざしてきた福沢にとって、日清戦争の勝利は、彼の目標の総仕上げの意味をもったともいえるでしょう。文明化に敵対する「儒教主義」の本家である清に勝利し、「日本は西洋諸国と同等の文明国」だと認められて、条約改正にもつながったからです。

しかしその熱狂からさめた福沢は、当時の日本の状況が自分の期待とかけ離れており、文明論の本質が理解されていないことについて失望をもらすようになります。そして、再び自らの文明論を解説する著作に取り組みました。それが、明治二九年から三〇年にかけて「時事新報」に掲載された『福翁百話』およびそれに続く『福翁百余話』です。

福沢は『福翁百話』の「序言」において、文明の本旨は国民全体の「智徳」が進むことで立国の根本が堅固になることであり、一身一家の独立が一国の基礎となれば幸いであると述べます。そして、宇宙という広大な話から始まり、その中の取るに足らない存在としての人類が

「万物の霊」としてどのように生きるのかについて論じています。その議論の流れは、本書で論じてきたように、「智徳」を修めて独立し、対等な夫婦関係を結んで子どもを教育し、人生を送るという人間のあり方から、それに伴って社会が進展し、最後は『文明論之概略』で論じられていた「文明の太平」と同様の理想社会に至るまで、彼の思想の内容が総括的に語られるというものです。ここではまず、「智徳」を修めた人間が「一身の独立」を果たし、そこから「一家の独立、一国の独立」へ、そして最後は「天下の独立」を果たすという福沢の社会構想の中で、重要であるにもかかわらずこれまであまり触れられず、『福翁百話』『福翁百余話』において取り上げられている点を補うことにしたいと思います。

まず「本心」という概念です。これについては、『学校之説』の「修心学」の項で、人間の性が善であるとし、それを「霊心」と呼んでいたことは説明しました。それを福沢は、「本心」と呼び換えて論じました。『日本男子論』においても、人間は自分の内側に道徳のもとになる「本心」を持っているとされていました。『福翁百話』『福翁百余話』において、「本心」はかなり頻繁に登場します。それは「善を善とし悪を悪とする」「本心」であり、「自尊自重独立の本心」であり、「恩を知るの本心」として説明されています。つまり「本心」は、善悪を判断し独立するという人間の道徳行為の規範なのです。すべての人間は生まれつき「本心」を持っているがゆえに、「智徳」を修め、独立に向かっていくと福沢は考えました。そしてそれは、この時点に至っても「人間に固有する根本の霊心」とも呼ばれているので、『学校之説』のところで説明したように、儒学の思想から採られたことは明らかでしょう。

このように人間は内にある「本心」に従って「智徳」を進めていきます。このとき福沢が、儒学の「格物致知」に触発された「智」という概念の内容を、先人の教えをなぞるという儒学の学習のやり方ではなく、西洋的な科学的合理的思想の学習に変えたことが、福沢の思想における重要な転換であり、それにより彼が自由と独立の思想を導くことができたことは、本書で示してきたとおりです。福沢はこれについても、『福翁百話』「三十四　半信半疑は不可なり」において触れています。そこでは宇宙を支配する自然の真理原則の普遍性を論じ、東洋と西洋の学問の違いについて次のように対比しています。

まず、東洋は「陰陽五行」という根拠のないものにもとづきすべてのことを説明するのに対し、西洋は「数理の実《じつ》を計《かぞ》えて細大を解剖」する。つまり実証にもとづきすべてのことを調べようとします。また、東洋は古いことを尊重して自分で考えようとしないのに対し、西洋は先人の間違いを排除して、自分で後世に残るような考え方を提示します。そして、東洋は現在行なわれている考え方を「妄信」して改めようとしないのに対し、西洋は「常に疑いを発して」

その根本を見極めようとします。最後に、東洋は多くを語りながら実証性が少ないのに対し、西洋は実証性にもとづき空論を言わないというのです。東洋についての批判は、これまで儒教主義に対する議論として展開されてきた内容であることはおわかりでしょう。このように学問に対する根本姿勢が異なることにより、西洋では物事を探究するにあたり実学を重んじ、そこから発明や工夫へとつながったのだと福沢は述べます。それは政治や法律、経済などの社会的事象についても影響を及ぼしており、その進歩発達はこうした実証的学問の賜物《たまもの》であると論じています。

そして『福翁百余話』「十七　物理学」では、はっきりと物理学の重要性を主張しています。このように福沢が科学的合理性に対する強固な信頼を持っていたからこそ、「儒教主義」というイデオロギーに対して、明確に科学にもとづく反論ができたのだといえましょう。

ユートピアとしての「文明の太平」

『文明論之概略』において福沢は、文明の究極状態として「文明の太平」という理想社会を提示しながら、議論を「今」の文明に集中し、あまり論じなかったことについては述べました。福沢は『福翁百話』において、しばしばこのような理想社会について言及しています。それは

「円満の境遇」(『福翁百話』「三　天道人に可なり」)、「黄金世界」(同「四　前途の望」・「九十三　政府は国民の公心を代表するものなり」)、「真成の自治」(同「九十四　政論」)、「文明の円満」(同「九十五　自得自省」)、「黄金時代」および「絶対の美」(同「百　人事に絶対の美なし」)などとさまざまな名称によって呼ばれています。

このように遠い未来の理想社会に関して想像をめぐらすことについて、福沢はその重要性を認識していました。彼は『福翁百話』「十四　至善を想像して之に達せんことを勉む」において、道徳の偉人たちが高尚に進むために善の極致を想像することの意味を述べ、同「六十三　空想は実行の原素なり」においては、「空想は実行の原素」であり、人間社会の進歩は、すべて何もないところから空想することで実際の進展が始まったのだと論じます。そして、学者はさまざまなことを想像し、それを実際に移していくことが重要だと述べているのです。「文明の太平」もそのひとつだったといえましょう。

現実にはないような理想社会のことを「ユートピア」と言いますが、これは一五一六年に、イングランド王ヘンリー八世の大法官だったトマス・モアが書いた著作に由来します。「ユートピア」とはモアがギリシア語から作った言葉で、「どこにもない場所」という意味です。モアは、当時の社会状況を批判するために、思い切り理想的な社会を空想の物語として描きました。

知識社会学者のカール・マンハイムは『イデオロギーとユートピア』という著作の中で、「イデオロギー」と「ユートピア」を対比させて、次のように分析しました。すなわち「イデオロギー」が現実の問題を隠し、既成の社会秩序を維持しようとする働きをもつのに対し、「ユートピア」は、現実にはありえないような素晴らしい社会を現実の社会と対比することで、現実社会における問題を明らかにし、また、そのような対比によって、現実を理想に向かって改革する道筋を見つけることをめざすというのです。

福沢が、現実には存在しないような理想社会を描くことは社会を進める素《もと》だと述べていることは、彼が、「ユートピア」を描くという思想の意味を理解していたことを示すといえるでしょう。福沢が「至善を想像して」と述べるとき、それは「三綱領」の三番目の句「至善に止まる」から採られていることは明らかです。「三綱領」の場合、人間が学び徳を修め、それを広めることで究極の理想状態に至るというプロセスが述べられているのですが、福沢は、理想状態を自ら想像することでそこへ至る道を考えるという方法論へと、その構想を転換したのです。

こうして福沢は、儒学の思想の中に示された理想の状態の追求という考え方に触発されて、文明史の「ユートピア」を提示し、文明社会の進歩を阻害する「儒教主義イデオロギー」と闘ったのです。

独立と自由の世界

福沢が『福翁百話』の中に書いた内容を見ることで、彼が文明の究極状態をどのようなものとして考えていたのかを知ることができます。福沢の考えた「文明の太平」は、人間が「智徳」を発達させ、最終的にすべての人が「智徳」を極めた状態として想定されました。福沢は『福翁百話』「四　前途の望」において、「孔子は道徳の聖人、ニウトン（ニュートン）は物理の聖人」であり、孔子が七〇歳で徳を窮めても、彼には物理の思想がないので十分ではない。これにニュートンの物理思想が加われば、「智徳兼備の聖人」になるだろうと書いているので、人間としての究極の状態は、このような「智徳兼備」になることだと考えていたことがわかります。その上で「文明の太平」と同様の「黄金世界」を想像し、人間社会の進歩が続いていけば、すべての人が「皆七十歳の孔子にニウトンの智識を兼ね」、今の人が想像もできないような状態に達することもあるだろうと述べているのです。

そして同「九十四　政論」において、人間がこのような状態になったとき、社会はどうなるかを描写しています。福沢の思想を理解するために重要だと思われるので、長いですが引用します。

「元来、人間社会の達すべき真成の目的をいえば、人の私心と公心と、その帰する所を一にして、己れの欲せざる所を人に施すことなく、一点の私を挟《さしはさ》まずして自他の利害を忘れ、おのおの自ら労して自ら衣食し、全般の苦楽を平均して全般の喜憂と為し、老幼病者自ら労すること能《あた》わざる者は安んじて他の助力に預かり、売買貪らず、貸借必ず信を守るのみか、その貸借の沙汰さえ無用に属し、社会の風光ただ親愛の溢《あふ》るるばかりにして、あたかも一家族の睦《むつま》じきが如くなるに至るべし。……この境遇に達するときは社会は真成の自治にして、人民相互に約することはあるも、その約束は違約を罪するの用意にあらずして、単に失念を防ぐの方便のみ。斯《か》くて世に犯罪の沙汰あらざれば、法律もまた用うるに所なく、特に政府を設けて人を煩わすに及ばず、政府もなく官吏もなくまた憲法もなく、ただ公平無私なる民心に依頼して、災なく害なく悠々然として、世界はすなわち一大家、人生はすなわち兄弟姉妹たるべきはず」というのです。

文明の究極に出現するこのような理想状態は、『礼記』「礼運第九」に書かれる儒学の理想の世である「大同の世」から引かれたのだろうということについては前述しました。竹内照夫氏によれば、「大同」とは、天下が公共全体のものとみなされ、人類が大きく合同して世界がひとつになっている状態です。そこでは、人は自分の親や子だけでなくすべての親や子を気遣い、自分で生活できないやもめや孤児を養ってやる。そして財貨を独り占めせず、労力を出し惜しみしない。このように他者を思いやる人ばかりであれば犯罪もないので、家に鍵もかけないというのです。

福沢が上の引用において社会が「真成の自治」の状態になると述べているのは、誰かが上から支配することのない状態だと考えられますから、「大同の世」に書かれる、天下が公共全体のもの、つまりみんなのものになるという考えに対応します。そこでは労働できない「老幼病者」は他者が助けてやることになります。それゆえ家族のように睦まじい状態になるのです。ここも「大同の世」に類似していますし、犯罪がなくなるという点も同じです。

しかしここで注目したいのは、福沢が、こうした「大同の世」に類似の文明の究極状態では、政府も法律も必要なくなると述べている点です。福沢は、文明史の思想の中で、自らの「本心」に従って「智」を研き「徳」を修め、自分の行為を自分で律することのできる独立した人間になることを説きました。人間の「智徳」の極まった文明の究極状態では、すべての人が完全な「智徳」を備えた「智徳兼備」の状態になるはずです。人間がこうした状態になったときには、どのような状況においても、自分の内に持つ完全な道徳規範に従って完璧な行動が取れるでしょう。すべての人がこのように行動する社会では紛争はなくなるでしょうから、人間の行動を外側から規制する働きをする法律は不要となるし、それを執行するための政府も必要なくなるというのです。これこそ人間社会が「真成の自治」を達成した状態であり、「人間社会の達すべき真成の目的」なのです。福沢は、「政体中何が一番よいか」という質問に対し、無政府主義と答えたというエピソードが残っています。ここからも、彼が文明の理想状態において、政府のない状態を想定したことが納得できるでしょう。

こうして文明の究極状態では、人間は誰からの指図も受けず、自分の中にある完全な規範のみに従って行動します。つまり独立していることになります。しかもすべての人がこのような状態であれば社会的な問題は何も発生しないので、相互に干渉する必要がなくなります。つまり社会全体として、他者との関係において自由が保証されることになるのです。このように福沢は、儒学の思想を変容させることで、最終的にはすべての人が独立し、自由が保証される社会を構想したのです。

「フリー・ラヴ（自由愛情論）」

福沢は、女性も「万物の霊」として男性と対等な存在であると考えていました。それゆえ

「文明の太平」においては、女性も男性同様完璧な「智徳」を備え、独立と自由を達成するはずです。福沢は、このように男女共に完全な自由と独立を達成した状態においては、一夫一婦制とは異なる夫婦関係が成立し得ることを示唆していました。

福沢は、明治一九年に書いた「離婚の弊害」という小論において、「フリー・ラヴ（相愛の自由）」という議論を紹介しています。それは、男女は愛情を至上のものとして、純粋の愛情だけにもとづき関係を結ぶべきで、相互の愛情がなくなれば自由に関係を解消し、新しい愛に従うべきだという主張です。福沢はこれを評して、人間の本性より論じたなら、「フリー・ラヴ」の方が一夫一婦制よりも道理に適していて、そのような関係が行なわれるようになって、はじめて「完全の人間社会」だといえるかもしれないと述べています。また『福翁百話』「二十一夫一婦偕老同穴」でも、人間の愛情は変化するものであるから、変化にもかかわらず一夫一婦を守るのは「天然の約束に背く」ものだという「自由愛情論（フリーラヴ）」という議論があると紹介しています。しかし福沢は、この議論に納得しつつも、「偕老同穴」は古来人倫として認められてきたのであって、現在の世界がこれを認めているのであるから、「自由愛情論」は心に思うだけで口に出して言うべきではないと述べるのです。

つまり福沢は、西洋文明を追求すべき「今」の時代においては、西洋のように「一夫一婦制」を採るべきだと主張していましたが、人間の「智徳」が極まった「完全の人間社会」では、男女のそれぞれが自らの愛情のみにもとづく関係を結ぶことがありうると考えたのだといえましょう。

「フリー・ラヴ」という考え方について、福沢がどこから学んだかについてはこれからの研究課題ですが、以下のような事実が指摘できます。「フリー・ラヴ」の運動は、一九世紀半ばのアメリカで、いくつかの思想潮流の中から生まれました。それは既存の結婚制度に対する挑戦としてミドル・クラスの急進派により主張されましたが、その思想の特徴は、個々の人間を尊重するという考え方だったといいます。福沢は、その中でも、一八五〇年に始まった「モダン・タイムス（Modern Times）」といわれる共同体運動から影響を受けているのではないかと思われます。「モダン・タイムス」は、「個人の尊厳」をすべての行為の基礎に置くことを主張し、個人に対しすべての従属化の絆《きずな》を断つことを要請していました。

この運動とその主唱者ジョサイア・ウォレン（Josiah Warren）に関しては、J・S・ミルが『自伝』の中で触れています。その中でミルは、『自由論』に関連して「インディヴィデュアリティの権利（the rights of individuality）」の重要性を述べ、ウォレンをその流れの中で扱っています。「インディヴィデュアリティ」は通常「個性」と訳されますが、ここでは「自分を自分自身として発展させ確立すること」とでも訳せましょうか。ミルは、ウォレンの共同体活動は、個人の上にいかなる社会的権威も認めず、「個人の尊厳」のみにもとづいて社会の制度を作ろうとするものだと言います。そして、それは共同体を作ろうとする点において表面的には社会主義者たちの計画に似ているけれど、個人を至上のものとするという原理の点で、まったくの対極にあるものだと述べています。

福沢はミルの『自伝』を読んでいましたから、ウォレンの活動について知っていたことは確かです。そして彼は、『文明論之概略』において西洋文明と日本の文明を比較する中で、ゲルマンに存在した「自由独立の気風」に対し、日本の武人には「独一個人の気象（インヂヴィヂュアリチ）」のないことを批判していました。ミルの述べる「インディヴィヂュアリティ」という概念は、福沢の考える「独立自尊」という人間の理想像に通じるものだったと思われます。それゆえ「モダン・タイムス」の議論は、人間の独立をめざし、西洋の「インヂヴィヂュアリチ」に注目していた福沢の考え方と響きあったのでしょう。そして福沢は、究極の文明に達した「完全の人間社会」においては、女性も男性もそれぞれが独立し自由な状態で、愛情のみにもとづいて相互に関係を結ぶことができると論じたのです。

「独立自尊」の人間

イギリスの神学者キース・ウォード（Keith Ward）は、西洋を近代社会へと導くひとつの契機となった宗教改革の運動は、そもそもの始まりから自由の要素を内包するものだったと解説しています。宗教改革の最も重要な主張は、教皇の独占的な聖書解釈権を否定したことです。教皇を批判する人々は、教会の行なっていることが聖書に根拠を持つかどうかを問う中で、教皇だけが聖書を解釈する権利を独占し、その解釈は常に正しいとする教会の教義を否定しました。一五世紀に活版印刷術が発明されて大量の印刷物を作ることが可能になり、聖書が各国語に翻訳されることで、人々は自分の手元に聖書を置いて、各自がその内容を解釈できるようになりました。こうして各人は、それぞれが真実だと思う教えを聖書の中に見出し、それを自らの心の中に取り込んで信仰の基本としました。その上で、その教えに従って行動したのです。それは、教皇だけが聖書の教えを解釈して人々に伝え、皆がそれに従って行動するという従来の信仰の形式とは異なる信仰の形でした。

このようにプロテスタントは、各自が聖書を自分のやり方で解釈することで、その中から、自分の信仰の内容を正しいと思い、それを守ろうとするがゆえに、他者の信仰が自分の信じる内容と異なっていても、それを受け入れて尊重すべきだという「自由」の思想が生じたのだとウォードは説明しています。つまりプロテスタントの「信教の自由」の主張は、集団としての自由の主張ではなく、それぞれの個人の信仰の自由を確保するためのものだったのです。

福沢は、日本社会に存在する、社会的に上位にいる者が権力を独占する「権力の偏重」を変革するために、個々人が自分の内面に持つ「本心」に従うことで「智」を研き「徳」を修め独立することを唱えました。「善を善とし悪を悪とする」「本心」と述べられたように、「本心」とは人間の道徳行為の規範です。それゆえ福沢の思想は、絶対的権力に対抗するために、自分の内面に絶対的に信じる道徳規範を持ち、それに従って行動することを主張する点で、教皇に対抗したプロテスタントの信仰の形に類似しているといえるでしょう。双方とも、自分の行為を縛るのは内心にある道徳規範なのです。

しかし、それによってめざしたことは、まったく異なっていました。プロテスタントでは神の教えにできる限り従って生きることがめざされたのに対し、福沢がめざしたのは、完全な自己の確立でした。それについては、『日本男子論』の「君子の身の位」の議論の中で触れられています。

福沢は、「君子」つまり立派な人間として生きるためには、自分の中にその根拠となるものを持っていなければならないとして、私徳の重要性を論じます。自分がきちんと私徳を修めているという自覚があれば、自分を信じ自分を重んじることができるというのです。そのためには、私徳に関して「屋漏《おくろう》に恥じない」つまり人に見られないところでも身を慎むようにし、「内に自ら省みて疚《やま》し」いことがないようにする。また、「本心に問うて慊《こころよ》からざることあらば、……何ぞ自ら省みて、これを今日に慎まざるや」とも述べるのです。これらは『中庸』から引かれた言葉です。これらの説明から福沢は、立派な人間になるために、人間は自分の行動を常に内心にある道徳規範に照らしてチェックすることが必要だと考えていたことがわかると思います。

こうして人間は、「我が徳義を円満無欠の位に定め、一身の尊きこと玉璧もただならず、これを犯さるるは、あたかも夜光の璧《たま》に瑕瑾《きず》を生ずるが如き心地して、片時も注意を怠ることなく」「金玉もただならざる貴重の身」を守るべきだとされるのです。このように人間は、常に自分を律することで自分を磨き、自分を宝石の如く何よりも尊い存在と考えることができるようになります。福沢のいう「自尊」とはこのような概念です。

こうして「本心」に従って「智徳」を発達させた人間は、最後には自分を何よりも尊い人格として確立することになるのです。このように自分を他者とは異なる個人として確立してこそ、個人は他者との間に明確な境界線をもって存在することができるでしょう。つまり完全な独立が確保されます。その上で、それぞれが完璧な人格として相対することになるので、相互の干渉は不要で、他者に対する完全な自由が確保されます。福沢は、このような状態の人間を、「独立自尊」と呼んだのでしょう。

このような人格を確立した人間のあり方は、『大学』の中に示されています。『大学』においては「八条目」の「誠意」を説明して、「自ら謙《こころよ》くす」といい、「故《ゆえ》に君子は其の独りを慎むなり」と述べられています。これに関して赤塚忠氏は、「独《ひとり》」とは、「真の自分自身、つまり内在する個人独立の尊さをいう。従って「独」を慎むことは、自分の尊厳な人格を確立することに連なる」と解説しています。ここから福沢の論じた理想の個人のあり方は、儒学における人間の理想像から引かれていることがわかるでしょう。

福沢は、西洋近代の自由主義同様、人間の自由と独立という状態について一貫して考察しました。しかし彼が真に追求したのは、「本心」に従い「智徳」を修めて独立し、自分自身が何よりも尊い、すなわち「自尊」と思えるような人格を、人間が自ら作り上げることだったのです。福沢は、西洋キリスト教社会においては神に預けられた人間の道徳的人格の確立を、人間自らが行なうべきものとして構想し、その道筋を儒学の回路を変容させることによって示したのです。

引用文献

1、福沢の著作からの引用は主として以下のものを参照し、読み易くなるよう適宜書き改めました。

慶應義塾編『福澤諭吉全集』全二一巻・別巻、岩波書店、一九五八～一九六四、一九七一年
慶應義塾編『福澤諭吉書簡集』全九巻、岩波書店、二〇〇一～二〇〇三年
富田正文、土橋俊一編『福沢諭吉選集』全一四巻、岩波書店、一九八〇～一九八一年
富田正文校訂『新訂 福翁自伝』岩波文庫、一九七八年
福沢諭吉『学問のすゝめ』岩波文庫、一九七八年
松沢弘陽校注『文明論之概略』岩波文庫、一九九五年

2、本書で引用した論考は順に以下のものです。

渡辺浩『近世日本社会と宋学　増補新装版』東京大学出版会、二〇一〇年
渡辺浩「どこが新しいのか―『学問のすゝめ』初編について」『日本思想史と現在』筑摩選書、二〇二四年
松沢弘陽「文明論における『始造』と『独立』―『文明論之概略』とその前後―」『近代日本の形成と西洋経験』岩波書店、一九九三年

高木侃『［増補］三くだり半―江戸の離婚と女性たち』平凡社ライブラリー、一九九九年
渡辺浩「『夫婦有別』と『夫婦相和シ』」『明治革命・性・文明―政治思想史の冒険』東京大学出版会、二〇二一年
竹内照夫『礼記、上・中・下』新釈漢文大系27・28・29、明治書院、一九七一、一九七七、一九七九年
赤塚忠『大学・中庸』新釈漢文大系2、明治書院、一九六七年

参考文献

本書は以下の論考をもとにしています。さらに深く知りたい方は参考にしてください。

中村敏子「解説」『福沢諭吉家族論集』岩波文庫、一九九九年
中村敏子『福沢諭吉　文明と社会構想』創文社現代自由学芸叢書、二〇〇〇年
中村敏子「コミュニケーションとしての『愛』と『徳義』―福沢諭吉の『智徳』論と『人間交際』」『福澤諭吉年鑑二九巻』福澤諭吉協会、二〇〇二年
中村敏子「歴史的文脈における福沢諭吉の家族論の意味」『北海学園大学法学研究』第四三巻第二号、二〇〇七年
中村敏子「家父長制からみた明治民法体制―近代化過程における婚姻関係」『北海学園大学法学研究』第

四五巻第一号、二〇〇九年
中村敏子「家」『「天皇」から「民主主義」まで』米原謙編著、晃洋書房、二〇一六年
中村敏子『女性差別はどう作られてきたか』集英社新書、二〇二一年
中村敏子「福沢諭吉における自由の概念」『北海学園大学法学研究』第五八巻第二号、二〇二二年
中村敏子「福沢諭吉の社会構想における儒学の意味―『大学』との比較の試み」『北海学園大学法学研究』第五八巻第四号、二〇二三年
中村敏子「福澤諭吉」『アジア人物史』第九巻、集英社、二〇二四年

あとがき

イギリスの女性運動について研究したいと北海道大学の大学院に入った私が、博士論文のテーマに福沢諭吉を選んだのは、修士課程のときに松沢弘陽先生が、私だけのために明治期の女性論に関するゼミを開いてくださったことがきっかけでした。私は高校生のときからフェミニズムの本を読み、西洋の女性論に触れていましたが、何か最後に腑《ふ》に落ちないところがあるのを感じていました。ところが福沢の議論を読んで、なぜか「福沢は本物だ！」と思ったのです。そこで私は博士課程で福沢に取り組むことにしました。

はじめは福沢が西洋の思想を徹底して学び、それを日本に実現しようと考えたという仮説にたっていましたが、イギリスでの経験を経て、儒学思想の影響に注目するようになりました。これはそれまでの通説と異なる解釈でしたので、指導教官だった松沢先生は、さまざまな助言をくださいました。それでも私が自分の解釈を曲げないので、先生はあきれて、私のことを「鉄人28号」と呼びました。

本書でまがりなりにも自分の解釈をまとめることができたのは、松沢先生の辛抱強い指導があったからこそです。このような不肖の弟子をあきれつつも見守ってくださった松沢弘陽先生に、感謝と共に本書を捧《ささ》げたいと思います。

また、今回はじめから福沢を読み直すきっかけを作ってくださった集英社新書編集長の落合勝人さんにもお礼申し上げます。

福沢の思想の中には、まださまざまな水脈が流れています。本書がそれを探索する呼び水となることを願って筆をおくことにします。

中村敏子

中村敏子（なかむら　としこ）
一九五二年生まれ。政治学者、法学博士。北海学園大学名誉教授。七五年、東京大学法学部卒業。東京都職員を経て、八八年北海道大学法学研究科博士後期課程単位取得退学。主な著書に『福沢諭吉　文明と社会構想』『トマス・ホッブズの母権論――国家の権力　家族の権力』『女性差別はどう作られてきたか』。翻訳書に『社会契約と性契約――近代国家はいかに成立したのか』（キャロル・ペイトマン）。

福沢諭吉《ふくざわゆきち》「一身《いっしん》の独立《どくりつ》」から「天下《てんか》の独立《どくりつ》」まで

二〇二四年五月二二日　第一刷発行　　集英社新書一二一六C

著者……中村敏子《なかむらとしこ》
発行者……樋口尚也
発行所……株式会社集英社
東京都千代田区一ッ橋二-五-一〇　郵便番号一〇一-八〇五〇
電話　〇三-三二三〇-六三九一（編集部）
〇三-三二三〇-六〇八〇（読者係）
〇三-三二三〇-六三九三（販売部）書店専用

装幀……原　研哉
印刷所……大日本印刷株式会社　TOPPAN株式会社
製本所……加藤製本株式会社

定価はカバーに表示してあります。

ISBN 978-4-08-721316-4 C0236

a pilot of wisdom

集英社新書　好評既刊

戦争はどうすれば終わるか？ ウクライナ、ガザと非戦の安全保障論
柳澤協二／伊勢﨑賢治／加藤 朗／林 吉永
自衛隊を活かす会 編　1204-A
軍事と紛争調停のリアルを知る専門家らが、「非戦」の理念に基づいた日本安全保障のあるべき姿勢を提示。

文章は「形」から読む ことばの魔術と出会うために
阿部公彦　1205-B
「文学作品を実用文書のように、実用文書を文学作品のように」読むことができる画期的な日本語読本。

「笑っていいとも！」とその時代
太田省一　1206-H
最終回から一〇年の節目に、国民的テレビ番組の軌跡から戦後の日本社会やテレビの可能性を明らかにする。

私たちの近現代史 女性とマイノリティの100年
村山由佳／朴慶南　1207-D
関東大震災時の朝鮮人虐殺から戦争、差別まで、女性作家二人が自らの経験も交えて日本の一〇〇年を語る。

カレー移民の謎 日本を制覇する「インネパ」
室橋裕和　1208-N 〈ノンフィクション〉
インドカレー店が明かす日本社会と外国人の関係とは？　美味しさの中の真実に迫るノンフィクション。

デンマーク流ティーンの育て方
イーベン・ディシング・サンダール　鹿田昌美・訳　1209-E
「世界一幸せな国」の親たちは悩みの多いティーンエイジャーをどう育てているのか？　一〇の心得を紹介。

全身ジャーナリスト
田原総一朗　1210-A
激動の半生と共に政治事件の真相や重要人物の素顔、社会問題の裏側、マスコミの課題を語り下ろした〝遺言〟。

自壊する欧米 ガザ危機が問うダブルスタンダード
内藤正典／三牧聖子　1211-A
「自由・平等・博愛」を謳う一方でガザの大量虐殺を黙認する欧米。世界秩序の行方を専門家が議論する。

なぜ働いていると本が読めなくなるのか
三宅香帆　1212-B
労働と読書の歴史をひもとくと、仕事と趣味が両立できない原因が明らかになる。本好きに向けた渾身の作。

永遠なる「傷だらけの天使」
山本俊輔／佐藤洋笑　1213-F
萩原健一と水谷豊の名コンビが躍動した名作ドラマの関係者らを新たに取材し、改めてその価値を問う。

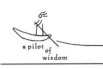